Das Abenteuer bin ich

ECON Ratgeber
Lebenshilfe

Karin Ebert
Klaus D. Ebert

Das Abenteuer bin ich

Mentale Fähigkeiten entdecken und nutzen

ETB
ECON Taschenbuch Verlag

Von Karin und Klaus D. Ebert sind im ECON Taschenbuch Verlag bisher erschienen:
Die Alpha-Entspannungsmethode (ETB 20189)
So werde ich mein bester Freund (ETB 20199)
Erfolg ist kein Zufall (ETB 20247)

CIP-Kurztitelaufnahme der Deutschen Bibliothek

Ebert, Karin:
Das Abenteuer bin ich: mentale Fähigkeiten entdecken u. nutzen /
Karin Ebert; Klaus D. Ebert.
Orig.-Ausg. – Düsseldorf: ECON Taschenbuch Verlag, 1988.
(ETB 20337; ECON Ratgeber: Lebenshilfe)
ISBN 3-612-20337-1

Originalausgabe

Umschlagentwurf: Ludwig Kaiser
Titelfoto: Photo-Design-Studio Gerhard Burock

Satz: Dörlemann-Satz, Lemförde
Druck und Bindearbeiten: Ebner Ulm
Printed in Germany
ISBN 3-612-20337-1

Inhaltsverzeichnis

Vorwort

»Es ist nichts verborgen, das nicht offenbar werde, und es ist nichts heimlich, das man nicht wissen werde!«

MATTHÄUS 10,26

Liebe Leserin, lieber Leser,
in einer Zeit, da Menschen zunehmend erfahren, daß ihre rational geschaffenen Sicherheiten immer mehr ins Wanken geraten (Dollarkrise, politische Verunsicherungen, Einbrüche auf den Weltmärkten, Arbeitslosigkeit, Rentenunsicherheit etc.), wird zunehmend, meist unbewußt, nach Kompensationsmechanismen gesucht.

»Phänomene«, die sich mit dem sogenannten »gesunden Menschenverstand« nicht erklären lassen, gewinnen an Bedeutung.

Zu bemerken ist, daß die Medien, wie Illustrierte oder Fernsehen, sich zunehmend einer Thematik annehmen, wie es in dieser Ausprägung vor zehn Jahren noch gar nicht möglich gewesen wäre. Berichte, wie »Wunderheiler« unheilbare Krankheiten beheben, oder Menschen die Zukunft voraussagen, oder über Experimente, bei denen per Geisteskraft Gegenstände bewegt werden, finden bevorzugte Plazierungen in der Medienpräsentation.

In einer positivistisch orientierten Gesellschaft macht sich mehr und mehr ein Unbehagen breit, wir meinen das innere Unbehagen. Ausdruck dafür ist die ständig ansteigende Zahl der Menschen mit psychosomatischen Erkrankungen; und derer, die das Gefühl haben, mit dem Leben nicht mehr fertig zu werden.

Auf diesem Boden gedeiht eine Faszination für rational nicht erklärbare Erscheinungen. Über das Maß hinausschießende »kommerziell orientierte« Trends werden aufgenommen, Zauberei, Wunder, Kontakte zum Jenseits und noch vieles mehr werden schnell und leicht verkauft. Wir möchten mit diesem Buch den ernsthaften Charakter dieses menschlich normalen Verlangens nach Befriedigung des Wunsches nach dem *Mehr als* ... darstellen.

Wir werden versuchen, Ihnen eine fast nicht rational faßbare Materie etwas näher zu bringen und haben auch unsere eigene (bisher nicht widerlegte) Erklärungstheorie für den Wunsch des Menschen, mehr zu erfahren, als sein Verstand erfassen kann, und möchten Ihnen, ohne Hokuspokus zeigen, was an den »Phänomenen« so außerordentlich ist.

Vielleicht ist es gar nicht so, daß bestimmte Menschen »übernatürliche« Kräfte besitzen, vielleicht sind diese Kräfte sehr »natürlich«, und nur die Betrachtungsweise von Einzelnen ist anders als die, die wir alle in der Schule gelernt haben.

Nach unserer festen Überzeugung haben Sie alle, liebe Leser, ein unbezahlbares Abenteuer in sich, wertvoll und schlummernd, und wir möchten kleine Anstöße mit diesem Buch vermitteln, daß Sie selbst einmal auf »Entdeckungsreise« gehen. Dazu wünschen wir Ihnen, vor allem mit dem Versuchsteil dieses Buches, eine frohe, erkenntnisreiche »Reise«.

Klaus D. Ebert Karin Ebert

Abenteuer »Leben«

»Lebensgefährlich« ist ein gebräuchlicher Ausdruck für Situationen, die wir Menschen als bedrohend für unsere Existenz erachten. Der Ausdruck birgt neben dem Aspekt von Gefahr auch die Tatsache, daß alle Situationen unseres Lebens auch Einfluß auf den Verlauf desselben haben. Eigentlich könnte man schon den Ursprung menschlichen Lebens als »lebensgefährlich« bezeichnen.

Von dem Moment an, wo Spermium und Eizelle zusammengeschmolzen sind, ist die befruchtete Eizelle in »Lebensgefahr«. Der Selbsterhaltungsmechanismus der Natur unternimmt nun alles, diese »Gefahr« abzuwenden.

Auch der dann folgende Geburtsvorgang könnte als »lebensgefährlich« bezeichnet werden, selbst das ganze weitere Leben, denn ständig sehen wir uns mit irgendwelchen lebensbedrohlichen Situationen konfrontiert. Der unüberlegte Schritt über die Straße, der defekte Stromanschluß, Krankheiten wie AIDS und Krebs sowie Naturkatastrophen und Unfälle bedrohen ständig das menschliche Leben.

Im Ausgleich dazu reagiert die Natur mit einem System der Anpassung. Zu Recht kann die Entwicklung des Menschen auf seinen hohen Grad von Anpassungsfähigkeit zurückgeführt werden.

So zum Beispiel leben Menschen in arktischen Breitengraden

zeitweilig bei Temperaturen unter minus 60 Grad Celsius, in den Tropen dagegen bei manchmal mehr als plus 60 Grad Celsius. Eine Temperaturdifferenz von ca. 120 Grad Celsius wäre für fast jedes andere Lebewesen tödlich.
Fast jede Spezies von Lebewesen hat in der Entwicklung ihrer Art versucht, Lebensräume und Nahrungserhalt durch Spezialisierung zu sichern. Die Spezies Mensch könnte man in diesem Zusammenhang als Spezialisten in Sachen Anpassung bezeichnen.
Mit fortschreitender Entwicklung der Menschheit stiegen trotzdem ihre Risiken, ihre lebensbedrohlichen Situationen.
Seit in Hiroshima und Nagasaki - am 6. und 9. August 1945 - die ersten Atombomben fielen, sind diese »Risiken« in einem Ausmaß gestiegen, daß eine Erfassung durch den menschlichen Verstand schon fast gar nicht mehr möglich ist.
So bedrohen heute Faktoren wie Gentechnologie, Umweltkatastrophen und nach wie vor die mögliche nukleare Katastrophe die Existenz der Menschheit.
Das Synonymwörterbuch »Duden«, Mannheim 1964, definiert den Begriff *Abenteuer* als ein ungewöhnliches, gefährliches, immer aufregendes Erlebnis. Dies ist eine Definition, die im oben erwähnten Sinne immer zutreffender das Leben der Menschheit umreißt. Immer häufiger werden wir heutzutage mit überraschenden, das »gewöhnliche« Leben durcheinanderbringenden Ereignissen konfrontiert.
So ist zum Beispiel ein ganzer Berufszweig, nämlich die Werbefachleute, damit beschäftigt, immer neue Ereignisse zu schaffen, damit überhaupt in dieser heutigen Fülle von Ereignissen noch Aufmerksamkeit erreicht wird, d. h. letztendlich ein Produkt seinen Absatz findet.
Dies ist jedoch eine Schraube ohne Ende, denn mehr und mehr fordert der »Anpassungseffekt« dann für uns selbst Erlebnisse von *besonderer* Fülle und Intensität - man denke dabei nur an die rapide Entwicklung der Ansprüche in der Freizeit- und Urlaubsgestaltung. Weg vom Üblichen, Bekannten, hin zu Neuem, Unbekanntem.
Der Drang zum Unbekannten, zum »Neuland«, findet seine

tiefere Ursache dann auch wieder in einem psychologischen Erklärungsmodell - dem Erklärungsmodell über das menschliche Neugierverhalten.
Den Entdeckungsdrang finden wir auch in der Literatur wieder. Von der »Ilias« des Homer, über die mittelalterlichen Ritterepen, Defoes »Robinson Crusoe« bis hin zu Karl May und den modernen Abenteuer-Romanen - immer sind literarische Figuren auf der Suche nach irgend etwas, folgen einem »inneren« Antrieb.
Die Neugier, das Verlangen nach immer neuen Erfahrungen, scheint ein im menschlichen Wesen triebhaft verankertes Verlangen zu sein. Über die Neugier gelingt es dem Kleinkind, neue Eindrücke zu sammeln, d. h. zu lernen. Die Neugier als Triebfeder bleibt auch beim erwachsenen Menschen ein mächtiger Antrieb. Der Psychologe Jean Piaget behauptet in seinen Untersuchungen zur Wahrnehmung, daß Neugier ein wichtiger Motor menschlicher Entwicklung sei.

Glück - gibt es das überhaupt?

Es gibt Wünsche, Träume, Sehnsüchte, die nicht altern - sie kommen nur ab und zu »aus der Mode«, gleichwohl um dann aber wieder »modern« zu werden. Das heißt, zu manchen Zeiten wird über sie geredet, gilt es als akzeptiert, zu ihnen zu stehen, in anderen Zeiten kann dies anders betrachtet werden. Vorhanden sind sie jedoch immer.
Zu diesen Wünschen gehört das Gefühl des Glücklichseins.
Seit der Antike gibt es Aufzeichnungen über den Versuch der Menschheit, »glücklich« zu werden und zu sein. So zum Beispiel besang Horaz Wein und Weib als Grundlagen seines Glücks. Der Römer Marcus Terentius Varro errechnete, daß es zu seiner Zeit 288 verschiedene Lehrmeinungen darüber gab, was denn Glück sei.
Auch heute gibt es dafür keine eindeutige Definition; Glück ist in allen Sprachen der Welt vieldeutig geblieben.
Anläßlich eines Seminars machten wir einmal den Versuch, die

Teilnehmer den Begriff »Glück« definieren zu lassen. Es ergab sich eine beträchtliche Sammlung individueller Begriffe wie z. B.: Lust, Zufriedenheit, Freude, das Erreichen von Zielen, Seligkeit, Behagen, Vergnügen . . . etc.

Für jedes Individuum bedeutete Glück etwas anderes, Individuelles. Im Gespräch darüber wurde dann auch schnell klar, daß mit dem Begriff Glück ein innerseelischer Zustand bezeichnet ist. Herrscht dieser innerseelische Zustand in einem Menschen, ist dieser mit tiefster Freude erfüllt, weil seine Vorstellungen und Wünsche befriedigt sind, Ziele erreicht wurden, die er sich gesetzt hatte.

Glücklich sein, Glück haben ist also immer individuell mit der Gemütsverfassung eines Menschen gekoppelt.

Häufig herrscht jedoch die Auffassung, Glück sei etwas, das ein Mensch nicht selbst beeinflussen könnte. Als ob Glück abhängig vom Zufall sei, wie etwa das Beispiel zeigt, daß man scheinbar prekäre Lebenssituationen nur durch höhere Fügung »glücklich« meistern könne.

Uns selbst erscheint diese Art der Betrachtung, Glück entstehe durch Zufall, äußerst dürftig und bequem.

Dies würde nämlich in der Übersetzung bedeuten, ein Mensch hat keinen oder nur geringsten Einfluß auf die Gestaltung seines eigenen Lebens bzw. seines Lebensglücks.

Ganz im Gegenteil werden wir Ihnen, verehrter Leser und werte Leserin, im folgenden zu beweisen versuchen, daß Glück eben kein Zufall ist.

These 1: Glück ist kein Zufall!

Das Abenteuer bin ich

Sie alle kennen Situationen Ihres Lebens, in denen Sie versuchen, nach dem sogenannten »Verstand« zu handeln. Manches Mal bemerken Sie vielleicht, daß trotz aller verstandesmäßigen Planung das Handeln dann doch ganz anders abläuft. Scheinbar plötzliche Impulse schleichen sich ein - verändern das sorgfältig geplante Handeln grundlegend.
Wird so eine Situation bewußt, unternimmt fast jeder den Versuch, im Nachhinein für sich selbst und für seine Umwelt ein *Erklärungsmodell* für das geänderte Handeln zu finden. Obwohl dieses Erklärungsmodell für einen selbst und für die Umwelt durchaus plausibel ist und meist so zurechtgerückt ist, daß es einer lückenlosen Rechtfertigung gleichkommt, bleibt oft ein unbehagliches Gefühl zurück.
Gesetzt der Fall, Sie haben sich vorgenommen, jemandem, der Sie innerlich sehr verletzt hat, einmal gehörig Ihre Meinung zu sagen; obwohl Sie fast den Wortlaut des Gespräches planen, verläuft der persönliche Kontakt jedoch immer ganz anders. Vielleicht sogar so, daß Sie das Geplante überhaupt nicht mehr ansprechen.
Indem man sich mit der Struktur der menschlichen Psyche auseinandersetzt, wird schnell klar, warum scheinbar un-*vernünftige,* irrationale Handlungsweisen über das verstandesgelenkte Handeln regieren. In der heutigen Betrachtung vieler

Psychologen wird davon ausgegangen, daß der größte Teil menschlicher Handlungsweise vom Emotionalen, vom Unbewußten, dem *Unterbewußtsein* gesteuert wird.

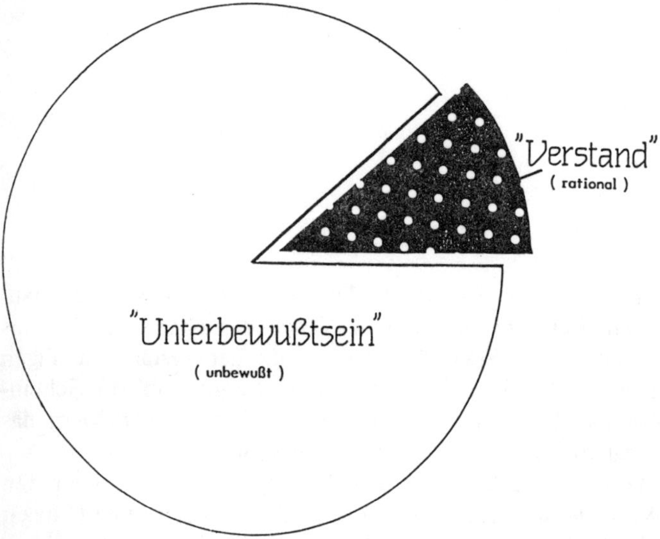

Schematische Darstellung der Verteilung Rationales/Unbewußtes

Seit Menschengedenken wird versucht, Modelle für die menschliche Psyche zu finden, da die Psyche, die seelische Struktur des Menschen, sich herkömmlichen Meßmethoden entzieht. Die Existenz einer »Psyche« bemerken wir häufig nur an unseren Gefühlen und Stimmungen. Manchmal ist es auch der Widerstreit zwischen der Verstandeswelt und der Gefühlswelt, der uns bewußt macht, daß es außer einer Außenwelt ein individuell verschiedenes Innenleben gibt. Wir wollen versuchen, dieses Innenleben unter dem Aspekt zu betrachten, in welcher Weise es uns fördern oder hindern kann.

Ein Phänomen, das den Menschen deutlich vom Tier abhebt, ist der »Verstand«. In der Biologie ist der Teil des Gehirns, in

dem unser Verstand anzusiedeln ist, die entwicklungsgeschichtlich »jüngste« Struktur. Der Verstand ist gekoppelt an ein kompliziertes Wahrnehmungssystem, er steht in Beziehung zu allen Wahrnehmungsorganen (Augen, Ohren, Mund, Nase, Haut). Mit ihm nehmen wir die Welt, in der wir leben, wahr.
Jedes Signal unserer Umwelt wird durch ein kompliziertes Reizleitungssystem (z.B. optische Reize, akustische Reize, sensorische Reize usw.) an das Gehirn weitergeleitet. Dort werden diese Reize in elektrische Impulse umgewandelt. Die Struktur, der dieser Mechanismus zugeordnet wird, ist der »Verstand«. Im Verstand werden Reize über eine gewisse Zeit gespeichert. Diese Speicherung nennen wir »Gedächtnis«. Unser Gedächtnis nun ist in der Lage, solche gespeicherten Informationen (Erfahrungen) im Bedarfsfall abzurufen und damit unser Handeln zu dirigieren. Bei einem Kind, das in eine Kerzenflamme gefaßt hat, verbleibt der auf sensorischem Weg erfahrene Schmerzreiz als Erfahrung im Gedächtnis. Das Kind wird es später vermeiden, in eine brennende Kerze zu fassen. Somit wird sein Handeln vom Verstand bestimmt.
Mit Hilfe der »Logik« kann unser Verstand verschiedene Erfahrungen miteinander verbinden und schafft so ein Schema der Zuordnung. Auf diese Art und Weise löst der Mensch wissenschaftliche und technische Probleme, schafft Strategien, macht Pläne und kalkuliert Risiken. Die von den Sinnesorganen empfangenen Signale werden registriert und vom Verstand in einem bis heute noch ungeklärten Prozeß analysiert, kombiniert und gespeichert.
Da dieser Prozeß unser ganzes Leben beeinflußt, gelangen viele Menschen zu der Ansicht, daß die wichtigste Instanz unseres Innenlebens der Verstand sei. Dem ist nach neueren wissenschaftlichen Erkenntnissen jedoch nicht so.

Das Unbewußte - das Mentale

Besonders großen Anteil an der neuzeitlichen Theorie der menschlichen Psyche verdanken wir dem Wiener Arzt und Psychiater Sigmund Freud (1856–1939). Freud ging davon aus, daß sich die menschliche Psyche in 3 hauptsächliche Strukturen differenzieren ließe. Neben einer soziokulturellen (gesellschaftlichen) Ebene, beinhaltet sein Modell der Psyche eine verstandesmäßige Ebene und eine unbewußte Triebebene. Das Unbewußte versuchte Freud wissenschaftlich zu definieren. Aus seiner psychiatrischen Tätigkeit heraus gelangte Freud zu der Ansicht, daß menschliches Verhalten anderen Gesetzmäßigkeiten unterliegen müsse als der verstandesmäßigen Lenkung. Freud glaubte nämlich, daß die meisten menschlichen Handlungen unbewußten Trieben entspringen (Sexualtrieb, Zerstörungstrieb usw.). Nach dieser Theorie ist alles menschliche Verhalten den Triebwünschen untergeordnet bzw. steht damit im Zusammenhang.

Das Ausleben der Triebe ist durch gesellschaftliche Normen oftmals nicht möglich. So kommt es nach Freud zu zwei verschiedenen Reaktionen: a) Verdrängung und b) Ersatzbefriedigung, worin Freud die Ursache psychischer Erkrankungen, wie z.B. Neurosen, sah.

Entscheidend für den psychologischen Denkansatz der Neuzeit ist es, daß Freud in dieser Form erstmals davon ausgeht, daß es eine Struktur in der menschlichen Psyche gibt, die weitgehend »unbewußt« ist, d.h. dem Verstand nicht oder nur begrenzt zugänglich ist. Die Freudsche Theorie ist heute als Pioniertat der Psychotherapie zu sehen. Sie hat in den letzten 50 Jahren erhebliche Veränderungen und Wandlungen erfahren, unbestrittenes Verdienst Freuds bleibt es, das Unbewußte als Antrieb für menschliches Verhalten theoretisch greifbar gemacht zu haben.

Unterbewußtseinsmodell nach Ebert

Daß das Unbewußte den Ausgangspunkt für menschliches Verhalten bildet, bestätigt sich in unserer täglichen Arbeit, im Gespräch mit unseren Patienten. Nach unserer Auffassung ist das Unbewußte die unsichtbare Basis menschlicher Existenz. Kein menschliches Verhalten ist ohne unbewußten Anteil möglich. Jede auch noch so verstandesgelenkt erscheinende Handlung basiert auf irrationalen, unbewußten Motiven. Jeder Mensch, der von sich behauptet, ein »Verstandesmensch« zu sein, begeht demnach Selbstbetrug. Zwar steht das Unbewußte in ständigem Kontakt mit Realität und Verstand, jedoch ist unser Verstand dem unbewußten Antrieb hoffnungslos unterlegen. In den meisten Fällen liefert unser Verstand lediglich Erklärungsmodelle für unsere unbewußten Motive.

Wir wagen die Behauptung, daß es weder eine »sachliche« Geschäftsbesprechung, noch ein »verstandesgelenktes« Partnergespräch gibt. Kein menschlicher Dialog verläuft völlig objektiv oder emotionslos.

Nach neuer Erkenntnis regiert der Verstand weniger als 1/8 unseres Seelenlebens.

Die verbleibenden 7/8 werden durch unsere »emotio«, von den Gefühlen und vom Unterbewußtsein bestimmt. Es ist der entwicklungsgeschichtlich »ältere« Teil unserer psychischen Struktur.

Zwei wichtige Funktionen unterliegen der unterbewußten Steuerung:

- Steuerung des vegetativen Nervensystems, d.h. Atmung, Herzschlag und andere körperliche Funktionen, die sich der willentlichen Beeinflussung entziehen
- Speicherung aller mit Gefühlen verbundenen Erlebnisse in bildhafter Weise.

Das Unterbewußtsein beeinflußt uns ständig in allen Handlungen viel massiver als der Verstand und viel massiver, als wir es bemerken oder wahrhaben wollen.

Der Versuch einer theoretischen Darstellung des Unbewußten unter Einbezug der neueren Erkenntnisse der Psychologie, ergibt nämlich folgendes:

- Das Unbewußte steht in ständigem Kontakt mit dem Verstand.
- Es speichert bildhaft unsere gesamte Lebenserfahrung (Leben = Summe der Erfahrungen) nach Wichtigkeit.
- Die gemachten Erfahrungen sinken immer dann, wenn sie mit Gefühlen verbunden sind, ins Unbewußte ab und werden dort nach einem »Lustprinzip« sortiert. Erfahrungen, die große Lust bereiten, werden als »wichtiger« gespeichert; Erfahrungen, die nur mit wenig Lust verbunden sind, als »weniger wichtig«.
- Das Unbewußte vergißt nichts. (Alles, was jemals mit Gefühlen verbunden erlebt oder plastisch vorgestellt wurde, ist dauerhaft im Unbewußten verankert.)
- Das Unbewußte denkt nur in Bildern. Sätze und Analogien werden nicht gespeichert.
- Das Unbewußte unterscheidet nicht zwischen realer Erfahrung und Vorstellung.
- Das Unbewußte urteilt nicht nach moralischen Kategorien, wie »gut« und »böse«.

Täglich, meist ohne es zu erkennen, erleben wir die Wirkung unseres Unbewußten. Im Laufe eines Tages erreichen uns zahlreiche Reize von außen, z. B. Radio, Telefon, andere Menschen, Werbung usw. Sie kommen über unsere Wahrnehmungsorgane (Augen, Ohren) in unserem Verstand an. Dort werden diese Reize aufgenommen oder zurückgewiesen. Ist ein Reiz individuell unbedeutend, erreicht er das Unbewußte nicht. Entsteht jedoch ein Gefühl (welcher Art auch immer), so wird der Reiz direkt zum Unbewußten dringen und dort bildhaft gespeichert.
Beispiel: Das Hören von Radiomusik reicht in der Regel nicht aus, das Unbewußte zu erreichen. Wird jedoch mit der Musik eine gefühlsbetonte Erinnerung verbunden, so erreicht die Musik das Unbewußte und entwickelt dort eine psycho-physische Wechselwirkung, d.h. vom vegetativen Nervensystem beeinflußt, zeigen wir körperliche Reaktionen (z.B. Weinen).
Grundsätzlich ist zu sagen: Immer dann, wenn ein Reiz mit Gefühlen verbunden wird, erreicht er das Unterbewußtsein. Da letzteres aber nicht in der Lage ist, über eine logische Struktur

zu verfügen, werden alle mit Gefühlen verbundenen Reize in ihm als Bilder gespeichert. Immer dann, wenn ein ähnlicher Reiz mit ähnlichen Gefühlen verbunden auftaucht, setzt das Unterbewußtsein die bereits vorhandenen Bilder frei.
Das heißt, nicht eine Situation als solche bestimmt das Handeln, sondern Handeln wird durch die Situation, gekoppelt an bereits vorhandene Bilder (gemachte Erfahrungen), bestimmt. Um dies noch einmal zu verdeutlichen, sei an dieser Stelle ein weiteres Beispiel benannt.
Ob ein junger Mann als Partnerin eine blonde oder schwarzhaarige Frau, eine ruhige oder lebhafte, eine mütterliche oder eher emanzipierte Frau wählt, hängt weitgehend davon ab, welche Frauen in seinem bisherigen Leben bei ihm massive Gefühle ausgelöst haben, d.h. welche Frauen bei ihm die entsprechenden Bilder in seinem Unterbewußtsein etablieren konnten. Seine tatsächliche Partnerwahl wird sich an diesen Bildern orientieren. Damit ist auch zu erklären, daß viele Männer Partnerinnen suchen, die in irgendeiner Weise der Mutter gleichen oder ähneln. Umgekehrt gilt dies auch für Frauen, deren Partner dem Vater ähneln. Denn Mutter und Vater sind die Menschen, die vom Kind als Personen mit massiven Gefühlen verbunden, erlebt werden. Die Forschung im Bereich des Unterbewußtseins hat nun ergeben, daß es auf die Stärke eines Reizes und der damit verbundenen Gefühle ankommt, wenn es darum geht, die Wirksamkeit eines Bildes auf das Handeln zu bestimmen.
Je stärker ein Gefühl ist und je plastischer sich eine Vorstellung entwickelt, um so massiver und wirksamer ist das Bild, das sich im Unterbewußtsein einlagert.
Bilder, die einmal ins Unterbewußtsein gelangten, können nicht mehr gelöscht werden. Sie machen die Summe dessen aus, die wir letztendlich »Erfahrung« nennen.
Das Wort von Oskar Schellbach (1901–1970), Lehrer und Erfolgssystematiker, daß »Leben die Summe aller Erfahrungen« sei, erscheint unter diesem Aspekt in einem neuen Licht und müßte korrigiert heißen: Leben (Handeln) ist die Summe aller Bilder, die wir je im Unterbewußtsein aufgenommen haben.
Weiterhin kann das Unterbewußtsein, da ihm die Mittel der

Logik fehlen, nicht zwischen Wirklichkeit und Vorstellung unterscheiden. Ein Kind, dem die Eltern das Bild des »schwarzen Mannes« im Keller im Zusammenhang mit Strafe eingeben, zeigt alle Symptome von Angst (Weinen, Zittern, Schreien etc.), wenn es tatsächlich in den Keller gehen soll. Dabei ist es völlig unwichtig, ob das Kind *weiß,* daß sich im Keller niemand aufhält. Ein Knacken im Keller genügt, um das Vorstellungsbild zu reproduzieren.

Dasselbe gilt auch für Erwachsene. Beispiel: Flugangst. Eingespeicherte Bilder von Flugzeugabstürzen aus Fernsehberichten lösen bei der Situation Fliegen auf psycho-physischem Weg sämtliche Symptome von Angst aus, die der Angst eines realen Flugzeugabsturzes gleichkommt.

Neuere Untersuchungen zeigen, daß sich Phänomene wie die Außersinnliche Wahrnehmung, auf die wir später noch eingehen werden, wahrscheinlich auch im Bereich des Unterbewußtseins abspielen. Professor Milan Ryzl hat auch bereits versucht, diese Theorie zu beweisen.

ÜBER - ICH (SUPER-EGO)	**Gesellschaft** Ebene: Sozio-Kulturelles	Gesell. Normen - kulturelle Faktoren »Gewissen«
ICH (EGO)	**Realität** (1/8) Ebene: Verstand	Reizaufnahme - Reizzurückweisung Kontakt: Außenwelt
ES (ID) nach Freud	**Triebe** (7/8) Destrudo Libido Thanatos - Eros Ebene: Unterbewußtsein (keine Unterscheidung zw. Realität & Vorstellung)	Unter/-Unbewußtes: ist auf Lustgewinn aus ... »denkt« nur in Bildern ... »vergißt« nichts ... Außersinnliche Wahrnehmung

Psychische Struktur des Menschen (n. Ebert)

Dieses Modell vom Unbewußten gilt jedoch noch lange nicht für erforscht und gibt auch Fachleuten immer wieder neue Rätsel auf. Wir meinen, auch aus unserer Praxiserfahrung heraus, im Bereich des Unbewußten entscheidet sich letztendlich, z.B. ob ein Mensch Freude empfinden kann, in der Lage ist, Lust zu empfinden oder glücklich sein kann.

These 2: Das Glück eines Menschen ist abhängig davon, welche Vorstellungen und Bilder in seinem Unterbewußtsein gespeichert sind.

Sicherlich sind diese Bilder und Vorstellungen hochindividuell, d.h. sie machen die Persönlichkeit eines Menschen aus. Denn, wenn zwei Menschen dieselbe Lebenssituation erleben, bestimmen diese »gespeicherten Informationen« im Unterbewußtsein die individuelle Empfindungslage, d.h. sie werden die Situation beide nicht identisch, sondern ganz anders erleben. Man denke dabei an das Sprichwort: »Des einen Freud ist des anderen Leid.«
So könnte es zum Beispiel sein, daß von zwei Menschen, die auf dem Rummelplatz Karussell fahren, der eine dabei das Gefühl von Freiheit und Abenteuer genießt, der andere sich machtlos, klein und unterdrückt erlebt, d.h. Angst vor dem Karussell hat. Beide machen faktisch dasselbe - nämlich Karussell fahren -, beide haben auch das gleiche »Erlebnis« - denn beide erleben die Erfahrung »Karussell fahren« unter der Voraussetzung dessen, was in ihnen an Potential des eigenen Unterbewußtseins gespeichert ist -, doch dieses ist allerdings sehr verschieden. Dadurch empfinden beide die Situation auch völlig unterschiedlich. Für einen dritten Beobachter, der gefühlsmäßig nicht beteiligt ist, nämlich nicht Karussell fährt, machen beide faktisch dasselbe.
Das Beispiel zeigt, daß das Empfinden einer Situation abhängig von innerseelischen Vorgängen ist. Dies bedeutet, übertragen auf die Frage nach dem Glück, daß der Zustand des »Glücklichseins« individuell ist.

These 3: Glück ist individuell!

Auf der Suche nach den Abenteuern des Lebens muß also zuerst einmal als Voraussetzung erkannt sein, daß es von der jeweiligen innerseelischen Struktur abhängt, was zum Abenteuer wird oder als solches empfunden werden kann.
Die wahren, d.h. ursprünglichen Abenteuer sind weder die Landung auf dem Mond, noch das Durchschwimmen des Ärmelkanals. Zuerst findet immer ein Prozeß im eigenen Inneren statt.
Die Mondlandung, oder andere »Abenteuer« unserer Zeit, liefern unserem Gehirn lediglich Impulse über die Wahrnehmungsorgane (optisch, haptisch oder visuell), die dann erst in Kopplung mit unseren Vorstellungen bestimmte Qualitätsstufen erreichen. Das heißt, die Vorstellungen bestimmen den Grad des Abenteuers.

These 4: Das Abenteuer beginnt in uns selbst, ist in uns selbst!

Im folgenden werden wir gemeinsam mit Ihnen versuchen, diesem Abenteuer auf die Spur zu kommen. Wir zeigen Ihnen Möglichkeiten, Ihr Inneres zu entdecken.
Nicht die Entdeckung der eigenen Inneren Möglichkeiten allein ist jedoch bereits Abenteuer, sondern der Umgang mit diesen Möglichkeiten. Jeder Mensch ist in der Lage, dies zu erlernen und »echte« Abenteuer in sich selbst, durch sich selbst zu erleben!

Die Außenwelt

Das Abenteuer beginnt

Nach Hochrechnungen von Gewebezellproben verfügt das menschliche Zentrale Nervensystem (ZNS) über ca. 15 Milliarden ($1{,}5 \times 10^{10}$) Nervenzellen. Sie sind alle mit der Fähigkeit zur Erregbarkeit ausgestattet und besitzen die Fähigkeit, Impulse weiterzuleiten oder zu verarbeiten.
Diese nahezu unglaubliche Anzahl von Nervenzellen macht deutlich, daß unser Organismus ständig in Bereitschaft ist, Impulse/Reize (= Erregung) aufzunehmen. Diese Reize befähigen, die Welt als Mensch zu erfahren, nämlich durch Sehen, Hören, Fühlen, Schmecken.
Unendlich viele Sinneseindrücke erreichen das menschliche Gehirn über die Nervenzellen und Nervenleitbahnen. Immer dann, wenn ein Reiz einen Rezeptor (d.h. reizaufnehmender Punkt) im Körper erreicht und fähig ist, Aktivität zu erzeugen, kommt der Kontakt mit der Außenwelt zustande. Die Fähigkeit eines Reizes, Aktivität auszulösen, hängt ab von seiner Stärke, Dauer und seiner Art (Reizintensitätsschwelle, Reizqualitätsschwelle!).

Signale und Signalsysteme

Schafft es ein Reiz, bestimmte Verhaltensweisen auszulösen oder zu stoppen, also zu beeinflussen, wird er zum Signal. Alle Signale, die es schaffen, die Reizschwelle zu überwinden und Aktivität (= Gefühl) auslösen, sinken ins Unterbewußtsein ab. *Wie schon erwähnt, vergißt das Unterbewußtsein jedoch nichts,* d. h. es hat all das vorgenannte »Reizerleben« gespeichert. Bei Auftreten eines ähnlichen oder gleichen Signales wird der »Speicher geknackt«, d. h. Vorerfahrungen beeinflussen ursächlich die jeweilige Handlungsweise.

Es läßt sich unschwer erkennen, daß es für das jeweilige Befinden eines Menschen von ausschlaggebender Bedeutung ist, welche Signale sein Unterbewußtsein aufgenommen hat. Denn dieses »Altpotential« bestimmt (ständig aktiviert durch neu hinzukommende Reize) die Handlungsweise. Die Verstandeslenkung kann sich kaum dagegen behaupten.

These 5: Jeder Reiz, jedes Signal, das Gefühle aktiviert, erreicht das Unterbewußtsein.

These 6: Neue Signale aktivieren »Altpotential«, d. h. bereits »gespeicherte« Impulse!

Zu den »Aktivitätssignalen« gehören insbesondere die sogenannten Schlüsselreize, die die im Unterbewußtsein gespeicherten Impulse aktivieren und somit *Reaktionen* auslösen.

Als Beispiel sei hier einmal die Gefahrenvermeidung angeführt: Wurde ein Kind einmal von einer Wespe gestochen und es hat in diesem Zusammenhang den Schmerz(-reiz) erlebt, speichert sein Unterbewußtsein das Bild der Wespe gekoppelt mit dem Gefühl des Schmerzes. Die Vorstellung »Wespe« orientiert sich dabei zum Beispiel an der signifikanten Äußerlichkeit des gelb-schwarz-gestreiften Unterleibes der Wespen.

Als Erwachsener, Jahre später, wird dieses Kind noch auf ein ähnliches Signal mit seinem »Altpotential« reagieren.
Konfrontiert man diese Person nämlich nach Jahren mit Hymnopteren (nicht stechendes, fast identisch der Wespe aussehendes Insekt), erfolgt immer die entsprechend panische Reaktion.
Hymnopteren sind harmlose Tiere, sehen aber so aus wie Wespen - die Gefahrenvermeidungsreaktion wird ausgelöst.
Die meisten Signale, die uns erreichen, werden also unbewußt an gespeicherten Vorerfahrungen orientiert. Die Reaktionen sind eigentlich nicht »frei«, sie sind fest an die Vorerfahrung gebunden.
Reize und Signale erreichen uns ununterbrochen, man spricht in diesem Zusammenhang von *Signalsystemen.* Sie entstehen immer dann, wenn bestimmte Signale genormt werden. D. h. bestimmte Signalsysteme erfordern z. B. Aufmerksamkeit oder Gehorsam - es wird fast »automatisch« darauf reagiert. Die Verkehrszeichen sind z. B. ein solches Signalsystem. Der rote Untergrund mit dem Wort *STOP* veranlaßt uns, das Kfz anzuhalten, egal ob eine bedrohliche Situation vorhanden oder weit und breit kein anderes Auto zu sehen ist. Mit der besonderen Form des Zeichens und seiner roten Farbe werden Vorerfahrungen angesprochen, die das Verhalten beeinflussen.
Rot ist die Farbe des Blutes und erhält dadurch einen hohen Signalwert. Für unsere Urahnen war es von erheblicher Wichtigkeit, auf die Farbe »rot« Reaktion zu zeigen. »Rot« tauchte im Signalsystem des homo »neandertaliensis« immer dann auf, wenn Blut geflossen war. Die Reaktion der Flucht war meist lebensnotwendig und lebenserhaltend.
Rot ist also schon immer das Signal für Gefahr. Selbst in der Natur findet man Analogien (Fliegenpilz, spezielle Beeren etc.). Die Reaktionsweise ist auch in unserer heutigen Zeit erhalten geblieben. So zum Beispiel bedient man sich heute in der Werbung der Farbe »rot«, wenn man ungeteilte Aufmerksamkeit »erzwingen« möchte.

Das Wissen und die Fähigkeiten wachsen

Der Kontakt zu unserer Umwelt basiert auf einem ständigen »Signaltausch«. Das heißt, der Kontakt »funktioniert« durch Empfangen von Signalen und Informationen und Abgabe von Reaktionen. Dies kann aber nicht alles sein.

Die Parapsychologie (= Lehre von den seelischen Rand- oder Grenzerscheinungen) glaubt, eine Art der Wahrnehmung »beweisen« zu können, die sich nicht auf die Signal-Reaktions-Weise erklären läßt. Mit ASW (außersinnliche Wahrnehmung) oder amerikanisch ESP (extra sensority perception) werden solche Phänomene bezeichnet.

Von den Parapsychologen werden Vorgänge wie z.B. Gedankenübertragung (Telepathie), Hellsehen (Präkognition), die Beeinflussung der Materie durch den Geist (Telekinese) oder auch das Sehen von vergangenen Ereignissen (Retrokognition) u.ä. untersucht. Die Beweise für die Existenz solcher außersinnlichen Wahrnehmungen scheinen sich zu häufen.

Der Begründer einer neuzeitlichen Theorie über die außersinnliche Wahrnehmung war der Direktor der »Foundation for research of nature and man«, Prof. Joseph Banks Rhine (1895 bis 1980), Durham, North Carolina. Rhine führte Forschungen auf den verschiedensten Gebieten der Parapsychologie durch und machte sich verdient um die systematische, wissenschaftliche Untersuchung von ASW-Phänomenen. Er arbeitete mit der Hypothese, daß ein Mensch psychische Funktionen besitzt, die sich nicht mit den bekannten physikalischen Gesetzmäßigkeiten erklären lassen.

Solche ASW-Kräfte sind sicherlich keine hauptsächlich wissenschaftlich bezogenen Phänomene; vielleicht haben Sie selbst schon einige davon erlebt. Sie greifen zum Telefon, um jemanden anzurufen, in diesem Moment klingelt der Apparat – die Person hat im selben Moment bei Ihnen angerufen. Oder – Sie denken intensiv an einen alten Bekannten, nachmittags treffen Sie diesen nach langer Zeit einmal wieder. Oder – Sie besuchen eine fremde Stadt, die Ihnen merkwürdig vertraut vorkommt, so als ob Sie schon einmal dagewesen wären.

Über diese Phänomene spricht man in unserer verstandesorientierten Gesellschaft nur wenig, gar nicht, oder nur unter »Gleichgesinnten«, um nicht in der allgemeinen Meinung als »verrückt« angesehen zu werden. »Besser, diese innerseelischen Signale auch nicht zu beachten - wer weiß, wohin das führt!!!!!« Wir überhören solche Signale also geflissentlich, wahrscheinlich deshalb, weil sowohl unsere Schul- als auch Universitätsbildung kein passendes Erklärungsmodell liefert. Denn hier trifft man auf eine Welt jenseits der positivistischen Weltbetrachtung (Positivismus = Wissenschaft, die nur Tatsachen feststellt und erforscht; Wirklichkeitsstandpunkt).

Der Fall Lieselotte H.

Frau Lieselotte H. aus Kassel berichtete uns von einem Erlebnis, welches sich zur Zeit des Zweiten Weltkrieges zugetragen hatte. Sie berichtete glaubwürdig, in der Nacht des 21./22. 10. 1943 einen schrecklichen Traum gehabt zu haben (Auszug aus einem Tonbandprotokoll, mit Genehmigung der Patientin veröffentlicht): »In der Nacht vom 21. auf den 22. Oktober 1943 wurde ich schweißgebadet wach. Wach geworden war ich durch diesen schrecklichen Traum . . .
Ich sah einen Leiterwagen, dieser wurde von einem Schimmelgespann mit vielen weißen Schimmeln gezogen . . . mindestens 6 Gespanne . . . eigentlich viel zu viele . . . auf dem Leiterwagen saßen viele Kinder . . . alle weiß gekleidet und trugen Kränze auf dem Kopf, der Leiterwagen raste durch die Stadt (Anmerk. des Verf.: Kassel) . . . und dann habe ich im Traum eine mächtige tiefe Stimme gehört . . . das war ganz wirklich . . . die Stimme sagte: Das bedeutet Tod für die ganze Stadt.«
Am Abend des 22. Oktober 1943 wurde ein großer Teil der Stadt Kassel durch einen Bombenangriff zerstört. Nach eigenem Bericht waren es tote Kinder, die Frau H. als erstes nach Verlassen des Luftschutzbunkers an jenem Abend sah. Sie berichtete noch von anderen ähnlichen Erlebnissen, bei denen Träume wieder tatsächlich später zutrafen.

Um jegliche Konfabulation auszuschließen, bat ich Frau H., ein Experiment mitzumachen. Nach Einwilligung versuchten wir, den direkten Zugang zum Unterbewußtsein von Frau H. in Hypnose zu finden. Es sei hier dem Leser ins Gedächtnis zurückgerufen, daß alle Signale, die Gefühle aktivieren, ins Unterbewußtsein absinken. Frau H. war durchaus in der Lage, auch in Hypnose exakt dieselben Details wie oben berichtet, wiederzugeben. Der Realitätsgehalt des Berichts von Frau H. stand danach für uns nahezu außer Zweifel.
Da es noch mehr dieser Erlebnisse im Leben von Frau H. gab, ist anzunehmen, daß sie eine bestimmte Fähigkeit auf dem Gebiet der Präkognition (Voraussage eintreffender Ereignisse) besitzt.
Dies soll hier aber nicht weiter Gegenstand unserer Erläuterungen sein, vielmehr möchten wir uns der Arbeitshypothese von Prof. Rhine anschließen.

These 7: Es gibt psychische Gesetzmäßigkeiten, die außerhalb der bisher bekannten physikalischen Gesetzmäßigkeiten liegen!

Verlorene Fähigkeiten?

Es gibt eine Fülle von Berichten »alter« Schriftsteller über sogenannte »Seher und Weise«, die in der Lage waren, die Zukunft vorauszusagen.
So ist zum Beispiel überliefert, daß der Prophet Elias dem König von Israel, Ahasja, den sicheren Tod voraussagte, weil dieser bei einem »Götzen« (Baal-Sebub) um Rat nachsuchen wollte.
Laokoon, der sagenhafte Seher, war trojanischer Priester und sagte den Untergang Trojas voraus - er warnte sogar konkret vor dem trojanischen Pferd.
Aber nicht nur in der Antike, eigentlich zu allen Zeiten gibt es Überlieferungen solcher eingetretener Prophezeiungen. Ein be-

kanntes Beispiel dafür ist der Arzt und Gelehrte Nostradamus, (1503–1566, urspr. Michel de Notre Dame), dessen Prophezeiungen ihren Einfluß bis in die Neuzeit nicht eingebüßt haben. Denn sie treffen zu, jedenfalls soweit sie zu entschlüsseln waren.

Künstliche Fähigkeiten?

Diese soeben beschriebene Gabe der Präkognition gewinnt unter Einbezug der Gesichtspunkte der heutigen Wissenschaft eine ganz neue Dimension.
Der französische Wissenschaftler Robert Charroux berichtet von Versuchen, die der französische Arzt François d'Agérac 1961 unter Aufsicht der NASA durchgeführt hat und die 1961 zum Staatsgeheimnis erklärt wurden:
Dr. d'Agérac beschäftigte sich u. a. mit dem Einfluß pharmakodynamischer Drogen auf den Menschen. In einem mit der Bezeichnung G-81-1B registrierten Bericht schlug Dr. d'Agérac – so Charroux – den Geheimdiensten der USA vor, eine außergewöhnliche Droge für geheimdienstliche Zwecke zu erproben – das YAGÉ: Dies YAGÉ ist ein Pflanzensud, der aus einer Schlingpflanze, die im Amazonas-Gebiet zu Hause ist, gewonnen wird. Zur Gewinnung wird die YAGÉ-Liane zerkleinert und anschließend ca. 36 Stunden in Wasser gekocht. Der Sud wird filtriert und kann dann getrunken werden.
Wie bei anderen Halluzinogenen gerät ein Mensch, der diesen Sud getrunken hat, in einen der »Trance« ähnlichen Zustand – und entwickelt in diesem Zustand immense ASW-Kräfte. Im Bericht des Dr. d'Agérac wird dann beschrieben, daß die medialen Fähigkeiten der Probanden im März und April 1958 am Institut von San Domingo (heute Dominikanische Republik) wissenschaftlich überprüft wurden.
Beglaubigt sind die YAGÉ-Versuche von Dr. J. G. Soha (Leiter des Gesundheitsdienstes von San Domingo), Dr. Albarran (Pharmakologe) und dem Polizeiprefekten von Ciudad Trujillo (San Domingo).

Über 40 Versuche werden in dem Bericht dargestellt, meist durchgeführt mit Testpersonen, die die Umgebung der Hauptstadt Santo Domingo kannten, aber noch keine weiten Reisen in ihrem Leben gemacht hatten.

»Während des Trance-Zustandes erleben die Testpersonen das Gefühl, unsichtbar, ohne Eigengewicht, aber dennoch hellwach zu sein, begabt mit einem übernatürlichen Auffassungsvermögen«. Diese Fähigkeit läßt die Testpersonen durch verschlossene Türen reisen, quasi mit einem Astralleib ausgestattet (sinngemäß nach R. Charroux, »Phantastische Vergangenheit«, München, 1970).

Das Ergebnis dieser Versuche:

- Eine Testperson findet ein zweijähriges entführtes Kind, über eine Entfernung von ca. 1400 km.
- Eine andere Testperson zählt die sich zu diesem Zeitpunkt in einem Tresor der Chase Bank in Vancouver (!!!) befindenden Wertpapiere auf.
- Eine andere Testperson beschreibt den Spielbetrieb eines Spielsalons im Zeitraum von 23.15 Uhr bis 4.00 Uhr in Las Vegas.

Nach Abschluß des Tests konnten sich die Versuchspersonen nicht mehr an das Gesagte bzw. »Gesehene« erinnern.

Dr. d'Agérac schließt aus diesen Versuchen, auch anhand der aufgezeichneten Elektro-Enzephalogramme, daß die YAGÉ-Droge auf die Ausschüttung von Acetylcholin im menschlichen Organismus wirkt und dadurch die Vorgänge im Großhirn des Menschen verändert. Er vergleicht diesen Zustand mit dem »taijasa« der Yogis.

Die spezielle Form der Ortsveränderung eines Menschen mittels geistiger Fähigkeiten wird Bilokation genannt und gehört häufig zum Fähigkeitsspektrum eines sogen. »Sehers«.

Ein »altes« Potential?

Auf das Phänomen der ASW, des Hellsehens, werden wir an anderer Stelle noch einmal zurückkehren. Es sei allerdings noch bemerkt, daß im Jahr 611 n. Chr. ein vierzigjähriger Kaufmann namens Mohammed Ibn Abdallah in Mekka eine Vision, ein Erlebnis hatte, welches Ähnlichkeit zu den vorgenannten Versuchen aufweist. Der besagte Kaufmann war in einen Trancezustand (!!!) versunken und erlebte Wunderbares: Er erlebte in diesem Zustand die Erscheinung des Erzengels Gabriel und während dieser Erzengelvision prägte sich bei diesem Kaufmann auch der Text eines ganzen Buches ein.
Wie Sie jetzt sicher richtig vermuten - es handelt sich um jenen MOHAMMED, der die islamische Religion ins Leben rief. Das Buch, welches er visionär wahrnahm, war der »Koran«, die Bibel der Moslems - Mohammed wurde zum Propheten.
Gesagt sein soll damit, daß Beobachtungen und Berichte über ASW-Fähigkeiten bis an die Ursprünge der Menschheit zurückgehen und keine Erfindung der Neuzeit sind. Wir haben hier auch nur einen winzigen Teil davon beschrieben - sicher scheint jedoch:

> ***These 8: Im Menschen liegen weit mehr Fähigkeiten als oberflächlich angenommen verborgen!***

Bedingt durch ein allgemein zunehmendes Interesse an den Abläufen dieser Welt und auf der Basis fortschreitender technischer Möglichkeiten, gelingt es heute vielleicht besser als früher, sich diesen Fähigkeiten zu nähern.
Galten die Forscher auf dem Gebiet des »Außersinnlichen«, »Übersinnlichen«, noch vor nicht allzulanger Zeit als »weltfremde Spinner«, so hat sich etwa seit Mitte dieses Jahrhunderts eine ernsthafte ASW-Forschung herausgebildet, zu deren Vertretern der bereits erwähnte »große Mann« der ASW-Forschung, Prof. Rhine, gehört. Dazu gehören auch Persönlichkeiten wie Prof. Bender (Freiburg), und der Grundlagenforscher

der Parapsychologie, Prof. Hans Driesch (1867–1941), der wohl als Begründer der deutschen ASW-Forschung angesehen werden kann.
Mit der Zunahme an wissenschaftlicher Methodik entstand also auch in der Wissenschaft ein vermehrtes Bedürfnis, ASW-Erscheinungen wie Wahr- und Zukunftsträume, Gedankenlesen, Hellsehen, Wunderheilungen, Psychokinese etc. bis hin zur Erörterung der Möglichkeit eines Weiterlebens nach dem Tode, zu ergründen und aufzuklären.
Diejenigen Forscher, die sich heutzutage mit ASW-Phänomenen beschäftigen, sind verbunden mit der wissenschaftlichen Tradition von Prof. Rhine und Prof. Driesch.
Man versucht also, mit allen heute zur Verfügung stehenden wissenschaftlichen Methoden, nüchtern und systematisch an die Betrachtung von ASW-Phänomenen und deren Erklärung heranzutreten.
Die ASW-Forschung ist jedoch kein eigenständiger Fachbereich, es beschäftigen sich Psychologen, Biologen, Physiker, Mediziner und Mathematiker mit dieser Materie.
So zum Beispiel sind in der Sowjetunion mindestens 8 große Institute mit gezielter PSI-Forschung beschäftigt, in den USA wird nicht weniger eifrig geforscht.
Bei uns in der BRD gibt es das Institut von Prof. Bender, der in Freiburg den ersten Lehrstuhl für Parapsychologie innehat und auch andere Lehr- und Forschungsinstitute, wie z. B. die Gesellschaft für mentales Training e. V. und ähnliche, die sich mit der bewußten Beeinflußbarkeit dieser Phänomene beschäftigen.

Die Innenwelt

Nach dem Stand aller bisherigen Forschung scheint das menschliche Gehirn die höchstentwickelte Organisationsform von Materie zu sein.
Das Gehirn »regiert« den Körper und durch die Entwicklung des Großhirns scheint die Voraussetzung für alle menschliche Leistung geschaffen zu sein.
Noch wichtiger ist jedoch die Annahme, daß das menschliche Gehirn auch das Steuerzentrum für die »Innenwelt« zu sein scheint.
Wie schon mehrfach erwähnt, sinken alle Wahrnehmungen ins Unterbewußtsein ab und verbleiben so, quasi als Aufzeichnung, im Gehirn. Alles, was wahrgenommen wird, erreicht das Gehirn und wird dadurch Bestandteil einer Innenwelt.

Körper - Seele - Geist: 2 + 1, oder 2 + ∞?

Der Körper des Menschen bildet sozusagen die Hülle, mittels seiner Existenz sind wir in der Lage, uns zu bewegen (taxis), in Kontakt mit anderen Menschen zu treten (Kommunikation), und der Körper dient auch zur Erhaltung der menschlichen Art (Vermehrung), ohne die es keinerlei Weiterentwicklung gäbe. Von entscheidender Bedeutung dabei ist, daß der menschliche

Körper ein hochspezialisierter Organismus der Anpassung ist. Denn - auch Tiere können sich zwar fortpflanzen und in begrenztem Umfang miteinander kommunizieren, aber erst die Ausbildung des Großhirns beim menschlichen Organismus macht Kommunikation einer hochentwickelten Art möglich.
Der Mensch ist als einziges uns bekanntes Lebewesen in der Lage, über seine Innenwelt, über sein innerseelisches Geschehen zu berichten - das Medium dafür ist die Sprache.
In allen bekannten theologischen, philosophischen und wissenschaftlichen Betrachtungen über Menschen steht die Frage nach dem Verhältnis zwischen Körper (Leib) und Seele.
So zum Beispiel gilt in der Betrachtung des Altertums der Leib als Behausung einer unsterblichen Seele.
Die Entwicklung der Naturwissenschaften brachte ein anderes Bild, nämlich die Betrachtung, daß die Seele ein Konstrukt des Glaubens und die Psyche eines Menschen immer an den Körper gebunden ist.
Demnach ist das zugehörige Organ zur Psyche, wie bereits erwähnt, das Gehirn - als Zentralstelle aller Eindrücke, des Unterbewußtseins und letztendlich des Menschseins an sich.
Wenn es also keine Begrenzung zwischen Körper und Seele in der Betrachtung gibt, dann sind beide Teile kongruent (dekkungsgleich). Das heißt, der körperliche Zustand eines Menschen ist abhängig von der jeweiligen seelischen Verfassung des Menschen, umgekehrt hat der körperliche Zustand des Menschen in gleichem Maße Einfluß auf das seelische Befinden.
Die psychosomatische Medizin (Psyche = Seele, Soma = Körper) beweist diesen Zusammenhang. Zusätzlich ist heute beweisbar, daß alles Lebendige sich zu spezifischen Systemen organisiert.
Auf anscheinend geheimnisvolle Art und Weise »wissen« Atome und Moleküle, zu welchen Systemen sie zugehörig sind oder welche Systeme ihnen zugehörig sind. Sie »wissen«, zu welchen Systemen sie sich organisieren müssen. Das heißt, vereinfacht dargestellt, aus bestimmten Molekülen wird Eisen, PVC, lebende Materie, etc. Nahezu alle Materie ist nach so einem »geheimnisvollen« Plan organisiert.

Ob sich ein Mensch, ein Kristall, eine Pflanze oder eine andere Materie entwickelt, die zugehörigen Atome scheinen es zu »wissen«.

In der Kybernetik bezeichnet man dieses »Wissen« als Information. Diese »Information« ist nach dem heutigen Stand der Forschung jedoch weder Energie im herkömmlichen Sinne, noch Materie im herkömmlichen Sinne, sondern ein ganz eigenständiges, physikalisch nicht benennbares Potential.

Andere Theorien zur Bezeichnung dieser Information besagen, daß es sogenannte »Geistesquanten« gibt, die sowohl stoff- als auch masselos sind, und deren Auswirkungen wir als eben jenes »Wissen in den Dingen«, eben jene »Information«, wahrnehmen.

Wenn wir von dem Begriff »Geist« sprechen, so meinen wir dieses grundlegende System aller Dinge.

Wenn mit dem Tod die »körperliche Organisation« - Mensch - endet, so bleibt doch Grund zu der Annahme, daß das eben beschriebene, übergeordnete System »Geist« oder die »seelisch-geistige Energie« weiterhin aktiv vorhanden bleibt und als »Bewußtsein« neue Organisationsformen anstrebt.

In diesem Zusammenhang ist das Phänomen der Intuition auch einmal von einem anderen Standpunkt aus zu betrachten. Setzt man das beschriebene Vorhandensein einer »geistig-psychischen Energie« als gegeben voraus, so gewinnen bisher als rätselhaft erscheinende Vorgänge ein klareres Profil:

Raffael zum Beispiel, der Maler des bekannten Gemäldes »Sixtinische Madonna«, berichtete, daß er eben dieses Gemälde, noch bevor er einen einzigen Pinselstrich gemacht hatte, in einer Vision von »ungeheurer Eindringlichkeit« bereits vollendet gesehen hat. Und dies von uns gewählte berühmte Beispiel bildet keine einsame Ausnahme.

Viele »Entdeckungen«, die Menschen berühmt gemacht haben, beruhen auf solchen »Eingebungen« oder »Geistesblitzen«.

Ein weiteres, sicher vielen noch aus der Schulzeit gegenwärtiges Beispiel ist Sir Isaac Newton, der »zufällig« in seinem Garten das Herabfallen eines Apfels vom Baum betrachtet. »Wie eingegeben« kam ihm, ausgelöst durch dies Ereignis, die Erkenntnis über die Gesetzmäßigkeit der Schwerkraft.

Ähnlich erging es auch dem Chemiker August Kekulé von Stradonitz, der in einer »plötzlichen Eingebung« visionär die Strukturformel des Benzolrings vor (in) sich sah (1865).
Er befindet sich mit der Art seiner Entdeckung zum Beispiel auch in der Gesellschaft von Archimedes, der in seiner Badewanne die Erkenntnis über den Auftrieb zunächst einmal intuitiv wahrnahm.
Die Reihe dieser Beispiele ist beliebig fortsetzbar, alle Entdekkungen und Erfindungen sind auf eine ähnliche Art und Weise zustandegekommen.
Es könnte sich um eine Art »Sichtbarwerden« von Urwissen (Wissen von den Dingen) handeln, das sich im menschlichen Gehirn »wie eingegeben« strukturiert.
Das Bild von Newtons fallendem Apfel muß einen hohen Grad an »Information« besessen haben, um eine solche Schlußfolgerung »gebären« zu können.
Ein höheres System »Geist« scheint zu existieren.
Auffällig dabei ist, daß große menschliche Leistungen immer nur in Verbindung mit dieser geistig-seelischen Energie zustande kommen. Es scheint so, als ob es mitten im Dahinströmen der Gedanken Momente plötzlichen Erkennens gibt - in denen nicht nur Erfinder oder Gelehrte, sondern eigentlich jeder Mensch - plötzlich »ein Muster« oder »einen Sinn« oder »einen Zusammenhang« findet.
Den größten Teil der täglichen Arbeitssituationen versuchen fast alle Menschen mit ihrem logischen Denksystem zu bewältigen. Alle Vorgänge werden sogar, so behaupten wir, so »zurechtgestutzt«, daß sie mit dem logischen Denksystem erfaßbar sind. Die Erklärungsmodelle werden plausibel, alles was nicht in die Erklärungsmodelle paßt, wird aus dem logischen Denksystem ausgestoßen.
Vielleicht sind Intuition und ähnliche übergeordnete Systeme jedoch viel logischer, als wir uns Logik jemals zurechtbasteln können, denn »Geist« ist sicherlich viel mehr als die Summe aus körperlicher und seelischer Existenz.

Emotio - Die Welt der Gefühle

Ein kybernetisches System - »Geist«

In Anerkennung des Vorhandenseins einer »geistig-psychischen Ur-Energie« besteht die Möglichkeit, menschliche Gefühle auch einmal von einem anderen Standpunkt aus zu betrachten.
Aus vielen neuzeitlichen Forschungsergebnissen ist zu summieren, daß sich Gefühle aus einer »diffusen Erregung« differenzieren, wobei die beschriebene diffuse Erregung schon bei der Geburt eines Menschen vorhanden ist.
Somit rekrutiert sich der Aufbau einer menschlichen Gefühlswelt derart, daß »diffuse Erregung« sich differenziert, indem sie sich mit bestimmten Assoziationen verbindet. Das heißt, bestimmte Lebenssituationen werden an Gefühle gekoppelt, die undifferenziert wie eine Art »Gefühls-Pool« schon seit der Geburt dieses Menschen vorhanden sind.
Die Annahme liegt nahe, daß alle Arten von Gefühlen (Liebe, Haß, Angst etc.) aus einer einheitlichen Energie entstehen, die zu unzähligen Verwandlungen (Abwandlungen) fähig ist.
Diese Energie scheint in der Tat zu jeder Mutation fähig zu sein. Aus Liebe kann Haß entstehen, aus Lust Unlust, so wie aus Angst Mut oder Anziehung entstehen kann.
Es hat den Anschein, daß positive emotionale Erfahrungen diese »Energie« dauerhaft stabilisieren können, d.h. auch die

Selbstwerdung einer Persönlichkeit positiv beeinflussen können.
Der Systemtheoretiker und Physiker Dr. Ortwin Schäfer erkennt in diesem energetischen Prinzip die Ursache der Evolution. Er beschreibt diese »Energie« als Resonanzqualitäten, indem er folgende Hypothese aufstellt:
»... die evolutionäre Anpassung von Organismen an ihre Umwelt (ist) letztlich Ausdruck einer Entwicklung, die auf immer mehr und immer höhere Resonanzqualitäten (»Energie« - die Verf.) abzielt ... Evolution ist gleich Zunahme von Resonanz«. (aus: Universitas 37, 285-289, 1982)

These 9: Die Fähigkeiten des menschlichen Gehirns nehmen mit immer höheren Resonanzqualitäten zu.

Im Anschluß an diesen theoretischen Ausflug soll nun eine Verdeutlichung des Gesagten anhand von Beispielen, die Sie, lieber Leser, alle schon einmal gehört oder gesehen haben, folgen.

Feuerlaufen

Eine Zunahme an Popularität war in der letzten Zeit bei Kursangeboten zum Thema »Feuerlaufen« zu beobachten. Propagiert wurde und wird, die Teilnehmer eines solchen »Feuerlauf«-Kurses würden erlernen, in »veränderten Bewußtseinszuständen« über glühend heiße Unterlagen (Kohlen) zu gehen.
Die Ursprungsidee, die zu solch westlichem Auswuchs geführt hat, kommt aus dem asiatischen Lebensraum; zum Abschluß religiöser Zeremonien (z.B. Prozessionen) laufen die Teilnehmer am religiösen Ritus im Trancezustand über glühend heiße Kohlen.
In einigen Kulturen wird dieses Ritual auch als Initiationsritus

(Einweihungsritus) durchgeführt und soll zum Beispiel das »Erwachsensein« des Durchführenden beweisen.
Mit dem, was da so heroisch anmutet und als »Feuerlauf-Kurs« im modernen Europa absolviert wird, haben diese religiös motivierten Riten *absolut* nichts zu tun, es sei denn, man sieht sie als kommerzielles Plagiat dieser Rituale.
Jeder Mensch ist in der Lage, völlig unbeschadet über glühende Kohlen zu laufen, sofern seine Füße nackt und trocken sind. Ebenso wie jeder Mensch in der Lage ist, für einen kurzen Moment ein soeben aus dem Kochwasser entnommenes Ei festzuhalten, ohne überhaupt zu bemerken, daß es heiß ist.
Sind dann auch noch die Füße eines Feuerläufers zuvor mit einer Salzlösung (Alaun o.ä.) präpariert, so benötigt es außer ein paar gesunden Füßen keinerlei Vorbereitung mehr, geschweige denn mentaler Vorbereitung oder gar »okkulter« Vorbereitung. Mit den angesprochenen geistigen Fähigkeiten, der Energie, die wir meinen, hat »Feuerlaufen« nicht im geringsten zu tun. Letzteres beruht auf schlichten physikalischen Gegebenheiten (zwischen Fuß und Kohlenglut entwickelt sich ein Polster aus Verdunstungskälte, d.h. die echte Temperaturbelastung für die Fußsohle liegt dadurch nie über ca. 60° Celsius).
Was die Anbieter solcher »Feuerlauf«-Kurse jedoch erkannt haben, ist die Wirkung des sogenannten Experiments auf Teilnehmer und Zuschauer. Zum einen wird dem Teilnehmer durch diese Show das (völlig irrige) vermeintliche Selbstwertgefühl eines »Fast-Yogis« induziert, zum anderen ist der spektakuläre Nervenkitzel beim Zuschauer massiv angesprochen. Es gehört auch nicht in die Vorstellungswelt eines Durchschnittsmenschen, auf die Idee zu kommen, über glühende Kohlen zu laufen. Wir halten diese Spiele mit dem Selbstwertgefühl der Menschen für verantwortungsloses kommerzielles Treiben.
Klar wird aber gerade an diesem Beispiel, wie schwierig es ist, sich mit der Materie der ASW-Phänomene zu beschäftigen, denn die natürliche Neugier der Menschen und die Empfänglichkeit für plastische Bilder (»Feuerlaufen«!!!) öffnen solchen Taschenspielertricks immer wieder Tür und Tor, damit sie unter falscher Bezeichnung Boden fassen können.

Noch etwas ist jedoch am »Feuerlaufen« zu erkennen. Die kommerzielle Nutzbarkeit ist nur gegeben, weil fast alle Menschen ihre eigenen Fähigkeiten überhaupt nicht kennen, geschweige denn sich trauen, über diese zu reden oder sie einfach einmal auszuprobieren. »Feuerlaufen« gehört nicht zu den durchschnittlichen Anforderungen, die das Alltagsleben in unserer Gesellschaft stellt. Also wird es nicht ausprobiert, sondern erst wenn jemand kommt, der als »Lehrer« auftritt und genügend überzeugend verkauft, daß er es schafft, die schwierige Materie zu vermitteln, erst dann wird es probiert.
Nachgewiesen (wissenschaftlich experimentell) ist, daß jeder Mensch dazu ohne großes Lernprogramm in der Lage ist. Aber: Es soll hier nicht der Eindruck entstehen, »Feuerlaufen« sei nun als neuester Party-Gag zu verwenden. Die Füße müssen ganz trocken sein, damit die physikalische Gesetzmäßigkeit (wie vorhin beschrieben) greift. Jedenfalls ist ein »verändertes Bewußtsein«, was immer damit gemeint sein soll, keine Voraussetzung für eine gelungene Feuerlauf-Aktion.

Einfluß auf Körperfunktionen durch hypnotische Zustände

Die kritische Betrachtung des Feuerlaufens im vorigen Kapitel hatte sicher auch den Grund, zu verdeutlichen, daß nur auf einem bestimmten Boden solche manchmal merkwürdigen Blüten wachsen können. Denn die Teilnehmer an solchen oder ähnlichen Veranstaltungen haben sicherlich gelernt, ihren »kritischen Verstand« einzusetzen, zu gebrauchen.
Die Leichtgläubigkeit, was nun solche scheinbaren Phänomene anbelangt, entsteht daraus, daß Menschen, die in einer technisierten, »verstandesorientierten« Welt leben, die unbewußten, emotionalen Strebungen in sich selbst ständig unterdrücken. Eingangs haben wir die psychische Struktur des Menschen anhand eines Modells beschrieben und den großen Einfluß der Emotionalität (Unterbewußtsein/Unbewußtes) auf die menschliche Psyche dargestellt.

Hält sich jemand nun ausschließlich an rationale, positivistische Strukturen, so kommt es zur inneren »Revolution«.
Ausdruck dieser inneren Revolution ist z.B. die Entstehung neuer Sehnsüchte und der Wunsch, dem in jedem Menschen vorhandenen, jedoch völlig zugeschütteten Anteil an Emotionalität zum Durchbruch zu verhelfen. Als Konkretisierung dieser Wünsche sind dann Teilnahmen an Feuerlaufkursen und ähnlichen Angeboten zu betrachten.
Eine Veränderung des Bewußtseinszustandes ist zwar nicht die zwingende Voraussetzung für das vorab Beschriebene, jedoch gelingt es durchaus, Einfluß auf Körperfunktionen durch einen veränderten Bewußtseinszustand zu nehmen.
Nach der klassischen Definition ist Hypnose ein Zustand, in dem sich die Aufmerksamkeit des Hynotisierten verändert hat. Veränderungen im Bereich des Gedächtnisses, ungewöhnliche Reaktionen, Muskelstarre, Anästhesie (Schmerzunempfindlichkeit) und andere Beeinflussungen der Körperfunktionen sind in Hypnose möglich.
Der Zustand der Hypnose ist eine Art willentlich herbeigeführter Ruhezustand, nicht unähnlich dem Schlaf. Eine genaue physiologische Erklärung für den hypnotischen Zustand ist jedoch noch nicht endgültig gefunden.
Geklärt ist folgendes: Hypnotische Zustände kommen über Entspannungszustände zustande, meßbar sind veränderte Hirnstromfrequenzen. Während des Entspannungszustandes lassen sich im menschlichen Gehirn die sogenannten Alpha-Wellen nachweisen. Sie entstehen immer dann, wenn sich ein Mensch im Zustand zwischen Wachen und Schlafen befindet oder wenn bei körperlicher Entspannung die Augen geschlossen werden. Alpha-Wellen haben einen physikalischen Schwingungsbereich von 7–14 Hertz. Im normalen Wachzustand liegt die Frequenz der Hirnströme bei etwa 20 Hertz, im Schlafzustand unter 7 Hertz. Wissenschaftlich erwiesen ist, daß ein Mensch in diesem »Alpha-Zustand« für bildhafte Suggestionen und Vorstellungen besonders empfänglich ist, da der direkte Zugang zum Unterbewußtsein in diesem Zustand möglich ist.
Was offen bleibt, ist die genaue Erklärung der hirnphysiologi-

schen Abläufe; die müssen wir Ihnen, lieber Leser, an dieser Stelle schuldig bleiben. Aber noch kein Wissenschaftler hat die Erklärung gefunden.
Obwohl es noch keine medizinisch-physikalische Erklärung gibt, soll die Hypnose an dieser Stelle etwas näher beleuchtet werden, denn sie gewährt unbestritten Zugang zum »Abenteuer in uns«.
Einer der Autoren, Klaus D. Ebert, hat bis heute Tausende von Hypnosen in seiner Praxis durchgeführt, und wir sind anhand der erzielten Ergebnisse sicher, daß es mittels Hypnose und hypnoiden (hypnose-ähnlichen) Verfahren möglich ist, die Welt in uns zu erschließen, ähnlich einem Entdecker, der wie Christoph Kolumbus seinerzeit einen neuen Kontinent entdeckt.
Wir möchten Ihnen zunächst einmal darstellen, wie der äußerliche Vorgang einer Hypnose abläuft: Der Patient (= der »Zu-Hypnotisierende«) sitzt oder liegt ganz bequem. Der Hypnotiseur macht nun nichts anderes, als durch eine bestimmte Art der Rede, unter Anwendung fortlaufender, sich wiederholender Suggestionen (Suggestion = Einrede, von lat. sub gerere = unterschieben) Entspannung und Müdigkeit beim Patienten zu installieren. Der Patient schließt die Augen. Danach suggeriert der Hypnotiseur dem Patienten den eigentlichen Kerninhalt der Hypnose. So zum Beispiel bei einer Raucherentwöhnung: »Zigaretten sind Ihnen völlig gleichgültig geworden.«
Nach Übermittlung des Kerninhalts wird der Patient wiederum mittels Suggestionen aus dem hypnotischen Zustand geweckt. Diesen Zustand nennt man auch Trance, Alpha-Zustand. Da mittels der Suggestionen das Unterbewußtsein des Patienten in dem beschriebenen hypnotischen Zustand erreicht wurde, fällt es dem Patienten leicht, die Suggestionen zu realisieren. Durch die so verankerten Suggestionen ist es beispielsweise möglich, Einfluß auf Verhaltensweisen oder Einstellungen des Patienten in seinem Sinne zu nehmen.
Aber nicht nur die psychische Struktur ist durch Hypnose beeinflußbar, auch konkrete Einflußnahme auf Körperfunktionen ist möglich.
Wie schon erwähnt, gilt es als gesichert, daß mittels Hypnose

(oder auch Selbst-Hypnose) das Unterbewußtsein erreicht wird. Fest steht auch, daß das Unterbewußtsein das vegetative Nervensystem steuert (welches für alle unwillkürlichen Organtätigkeiten zuständig ist). Mit hypnotischen Suggestionen ist es möglich, auf direktem Weg Zugang zum vegetativen Nervensystem des Patienten zu erreichen.

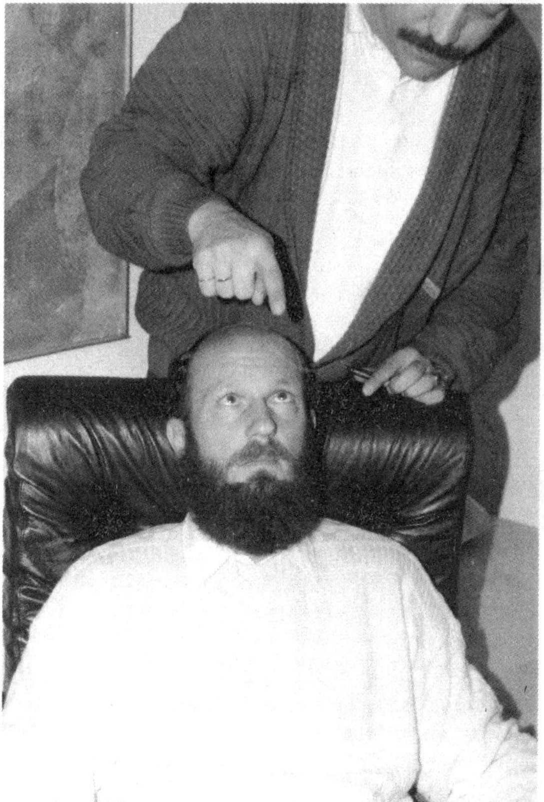

»Einführung« der Versuchsperson in hypnotische Trance

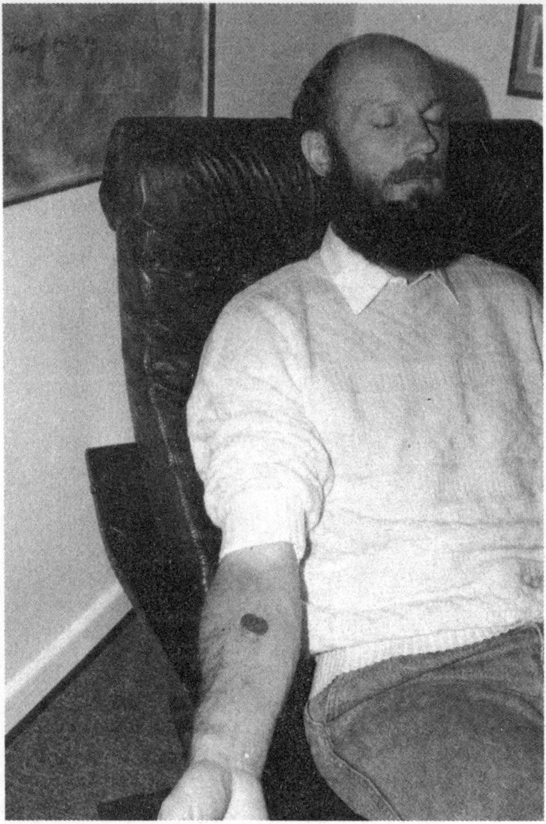

Die Versuchsperson befindet sich in hypnotischer Trance, ein Geldstück liegt auf dem rechten Unterarm

Dem Zu-Hypnotisierenden wird ein ganz normales DM 5,-Stück auf den Unterarm gelegt. Im hypnotischen Zustand wird ihm suggeriert, daß dieses Fünfmarkstück immer heißer, bis hin zu glühend heiß, wird (selbstverständlich erwärmt sich das Geldstück real überhaupt nicht).
Die Vorstellungskraft desjenigen, der sich in Hypnose befindet, wird angesprochen. Schon nach relativ kurzer Zeit empfindet er

nämlich das Geldstück auf seinem Unterarm als unerträglich heiß, so heiß, daß er das Hitzegefühl nicht mehr ertragen kann. Er hat den Eindruck, das Geldstück brenne ihm ein Loch in die Haut. Die Folge ist, er schleudert das Geldstück von seinem Unterarm weg.

Ungefähr eine Minute danach ist etwas Interessantes zu beob-

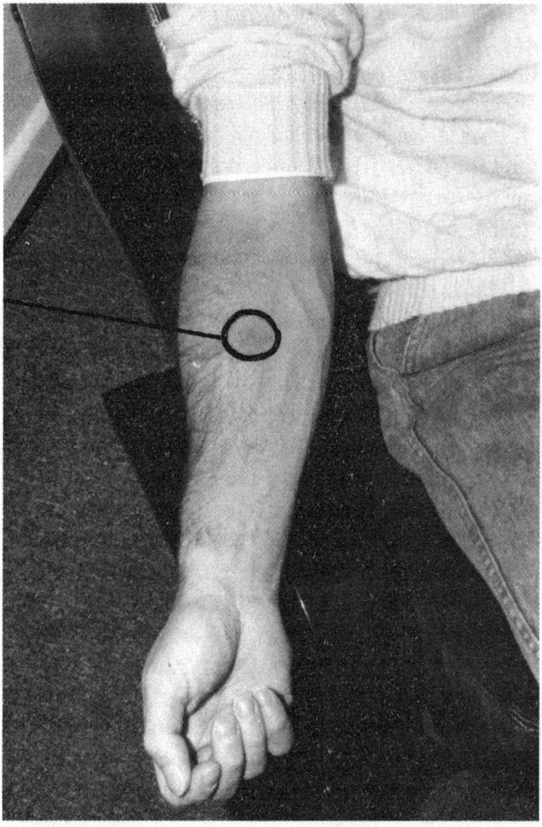

Nach dem Versuch stellte sich bei der Versuchsperson eine signifikante Hautrötung an der Stelle ein, an der das Geldstück gelegen hatte

achten. An der Stelle des Unterarmes, auf der das Geldstück so »unerträglich heiß« für den Patienten geworden war, zeigt sich eine massive, 5-Mark-Stück-große Hautrötung.
Dieser Hautrötung fehlt jegliche physikalische Ursache (nichts war wirklich heiß) – sie kann im extremen Fall sogar zu einer Brandblase werden.
Mit den überkommenen Erklärungsmodellen sind wir hier an die Grenzen gestoßen, denn es gibt mit den herkömmlichen wissenschaftlichen Methoden keine Erklärung mehr für solch ein Phänomen.
Aber es gibt ein »Gesetz der Hypnose«:
»Jeder Gedanke (jede Vorstellung), ist bestrebt, sich auf dem Umweg über das Unterbewußtsein zu verwirklichen ... kommen Wille und Einbildung miteinander in Konflikt, dann behält die Einbildung die Oberhand« (Prof. Dr. A. Brauchle, Hypnose u. Autosuggestion, Stuttgart 1977).
Gibt es aber nicht vielleicht doch eine Erklärung für die zustandekommende Hautrötung?
Jede bildhafte Vorstellung erreicht, wie bereits eingangs erwähnt, das Unterbewußtsein des Menschen und wirkt dabei auch auf die Körperfunktionen.
Als sicher gilt, daß Vorstellungen in der Lage sind, Nervenimpulse zu erzeugen, die dann vom Gehirn aus die Organtätigkeiten im weitesten Sinne zu beeinflussen vermögen.
Ein ganz einfaches Beispiel mag dies verdeutlichen: Wenn Sie, lieber Leser, von Ihren Kollegen oder Familienmitgliedern mit dem Satz: »Ach, du siehst heute aber schlecht aus« angesprochen werden, und das nicht nur einmal, sondern im Lauf des Tages mehrfach, so verändert sich Ihre Befindlichkeit hin zum »schlecht aussehen«. Haben Sie selbst schon am Morgen von sich die vage Vorstellung gehabt, »na, heute geht es dir aber nicht so besonders«, wirken die Worte der Mitmenschen wie massive Verstärker. Je öfter Sie dann auch noch den Zustand »schlechtes Aussehen« bildlich zulassen (z. B. durch fortwährendes Überprüfen im Spiegel), je öfter Sie sich das »schlecht Aussehen« auch noch vorstellen, um so schlechter wird es Ihnen am Ende dieses Tages gehen.

So ähnlich »funktioniert« auch die vorhin beschriebene Hitzesuggestion.
Im Zustand der Hypnose sind *besonders leicht* Vorstellungen zu erzeugen. Es findet also eine massive *Vorstellung* von Hitze statt. Hinzu kommt, daß Hypnosezustand auch ein Zustand von eingeschränkter Aufmerksamkeit ist, so daß die Logik durch die Suggestion, also durch die massive Vorstellung, ausgeschaltet wird. Für denjenigen, der sich im Hypnosezustand befindet, wird das Geldstück auf seinem Unterarm »wirklich« heiß. Diese *Vorstellung* nimmt der Körper auf, eine Rötung der Hautstelle ist die Folge.
Das Beispiel mit dem Geldstück ist zu generalisieren und führt zu

These 10: Jede Vorstellung erzeugt Wirklichkeit.

Letztendlich scheinen wieder die »Energien« im Spiel zu sein, von denen wir bereits sprachen, und die wir eigentlich nur an ihren Auswirkungen festmachen können.
Es ist bestimmt ein »ureigenes Abenteuer«, zu entdecken, daß der Körper auch noch andere Fähigkeiten und Steuerungen besitzt, als man gemeinhin aus dem Biologie-Unterricht kennt. Selbst eine biochemische Erklärung versagt.
Aber wir wollen Ihnen, lieber Leser, nicht nur anhand etwas außergewöhnlicher Beispiele zeigen, daß es so etwas gibt, sondern wollen auch zeigen, daß jeder Mensch diese Energien besitzt und daß es sich für jeden persönlich lohnen kann, diese Kräfte zu mobilisieren.

Setzt man nun alles bisher Gesagte voraus, ist der Schluß zu ziehen, daß es auch möglich sein muß, Dysfunktionen (gestörte Funktionen) des Körpers gezielt positiv zu beeinflussen. Denn, ebenso wie die Vorstellung von Hitze erzeugt werden kann, ist auch im Krankheitsfall die Vorstellung von Gesundheit zu erzeugen – sei es nun durch Fremd- oder durch Selbsthypnose. Tatsächlich befassen sich immer mehr Ärzte und Heilpraktiker mit dieser Form von Heilung, denn wer die psychosomatische Medizin anerkennt (d. h. akzeptiert, daß Vorstellungen den Körper krank machen können), ist auch nicht weit davon entfernt zu akzeptieren, daß Vorstellungen zur Gesundung führen können.

Allerdings ist es dabei müßig, herauszufinden, ob die Psyche oder der Körper zuerst krank waren, die Vorstellung wirkt auf beides.

Leider werden jedoch die daraus resultierenden »Heilerfolge« von einzelnen Personen mit einem Anschein belegt, der den Erfolg als übersinnliche, magische Tat des Behandlers erscheinen läßt.

Aus diesem Grund möchten wir Ihnen, lieber Leser, dazu auch noch einiges erklären.

Okkultismus

Die Hypnosetheorie und die Gesetzmäßigkeiten der Kraft der Vorstellung sind keineswegs der Magie oder dem Okkultismus zuzuordnen.

Der Okkultismus versteht sich als Ausführung der sogenannten okkulten Künste wie z. B. Hexerei, Alchemie, Numerologie und der Wissenschaft von der Erforschung der Mysterien, wie z. B. von verborgenen Naturgesetzen. Er wird von den herkömmlichen Wissenschaftszweigen nicht anerkannt.

Den Ausgangspunkt für die in neuerer Zeit immer wieder auftauchenden Diskussionen um den Okkultismus bilden jedoch auch wieder »Phänomene«, die so einfach nicht »erklärbar« sind. Somit wird wieder der Wunsch geweckt, sich einem neuen Zeitgeist anzugleichen.

Historisch begründet sich der Okkultismus in der französischen Nach-Revolutionszeit. Auf die damals propagierte »Herrschaft der Vernunft« – dem Idealbild der Französischen Revolution – folgte eine neue Romantik, die bis ins 19. Jahrhundert hinein Wirkungen hinterließ.

Bekannt wurde damals die Fox-Familie aus Hydesville, im Bundesstaat Maine, USA, bei denen sich im Jahr 1848 ein Klopfgeist einfand, der alphabetisch geordnete Klopfzeichen von sich gab. Auf die Klopfzeichen dieses »Geistes« hin fand man tatsächlich menschliche Überreste im Keller des Fox-Hauses. Angeblich waren dies die sterblichen Überreste des Vorbesitzers des Hauses der Familie Fox.

Über 40 Jahre später jedoch gaben die Töchter der Familie Fox zu, der »Klopfgeist« vor 40 Jahren seien sie selbst gewesen. Danach folgte noch ein spektakulärer Widerruf des Geständnisses der Töchter, denn sie waren über 30 Jahre lang für sogenannte »Medien« gehalten worden - sie wollten nicht als jemand dastehen, der 30 Jahre lang Betrug begangen hatte.

Ausgelöst durch dieses Fox-Familien-Ereignis begann nun die Okkultismus-Welle nicht nur Amerika, sondern den ganzen Globus zu überfluten.

Namhafte Gelehrte begannen, sich mit okkultistischen Erscheinungen zu beschäftigen. Beispielsweise der Physiker Karl Friedrich Zoellner (1834–1882), der Chemiker William Crookes (1832–1909) - der Entdecker des Thalliums -, und viele andere mehr, die jedoch alle mit sehr fragwürdigen »Medien« arbeiteten. Faßt man die rein okkultistischen Erscheinungen zusammen, so kommt man auch heute noch zum gleichen Schluß wie der Psychologe Max Dessoir (1867–1947), der die Erscheinungen kritisch untersuchte und meinte: »Alles, was ich gestern gesehen habe, läßt sich auf bewußten und unbewußten Betrug, zum kleineren Teil auf die Tätigkeit unwillkürlicher Bewegungskoordination zurückführen.«

Alle Erscheinungen des Okkultismus gehören also *nicht* zu dem Bereich der ernsthaften Erforschung des Unterbewußten oder der ASW.

These 11: Okkultismus ist ein Trugbild echter parapsychologischer Erscheinungen, ein Irrweg, der nicht dazu beiträgt, im eigenen Selbst auf »Abenteuerkurs« zu gehen.

Zugang zur Kraft

Die mentale Kraft des Menschen

Zwei Mitglieder der Pädagogischen Akademie der Wissenschaften der UdSSR unterschrieben folgenden Bericht eines parapsychologischen Experimentes:
»Es gibt wirklich Menschen, welche die Kraft besitzen, Gegenstände so zu beeinflussen, daß sie in der Luft schweben. Ich habe beobachtet, wie Jermolajew Objekte in der Luft schweben ließ. Ich bin zu der Überzeugung gekommen, daß dieser Mann in der Lage ist, ein Magnetfeld zu schaffen, das die Schwerkraft aufhebt.« (*Der Spiegel,* Nr. 17/1981, S. 126)
Solche und ähnliche Berichte werden von glaubwürdigen Berichterstattern immer wieder abgegeben. Immerhin gehören zur Akademie der Wissenschaften in der UdSSR die ca. 750 fähigsten »Köpfe« der Sowjetunion.
Die Reaktionen auf solche »nicht erklärbaren« Phänomene sind zeitabhängig, d. h. die Betrachtungsweise unterliegt dem jeweils herrschenden Zeitgeist. Oftmals wurden solche Phänomene in der Vergangenheit als »Wunder« bezeichnet, es gab auch Zeiten, da waren sie »Teufelswerk« oder Scharlatanerie.
Heutzutage ist man mit allen zur Verfügung stehenden Methoden bemüht, den Gesetzmäßigkeiten solcher Erscheinungsbilder auf die Spur zu kommen, um sie verstehen zu lernen.

Sicher kann man aus wissenschaftlicher Sicht heutzutage nur so viel sagen, daß ASW-Phänomene tatsächlich existieren! Als Voraussetzung für die ASW wird, übrigens auch von uns, eine »mentale Energie« angenommen:

These 12: ASW-Phänomene sind Realität und existieren tatsächlich. Sie sind Beispiel für das Abenteuer in uns.

These 13: ASW-Phänomene entstehen durch mentale Energie!

Immer wieder wurden Versuche unternommen, ASW mit materiell-mechanistischen Lehren zu erklären. Die Physik des 19. Jahrhunderts sollte dafür die Grundlagen liefern und Erklärungsmodelle finden. Man versuchte so zum Beispiel, das Erscheinungsbild des »Gedankenlesens« mit der physikalischen Hilfskonstruktion, es handele sich um elektrische Gedankenimpulse, zu erklären. Die Gedankenimpulse sollen in diesem Erklärungsmodell von Gehirn zu Gehirn durch Elektronen o. ä. übertragen werden. Weder physikalisch noch physiologisch ließ sich dieses Modell nachweisen. Hinzu kommt, daß gerade die Physik, wie keine andere Wissenschaft, in den letzten Jahren markante Veränderungen erfahren hat.
Albert Einstein hatte bewiesen, daß Masse umwandelbar in Energie ist, umgekehrt aber auch Energie in Masse. Die moderne Physik stellt fest, daß Begriffe wie Kausalität, Raum und Zeit z.B. im Bereich der Nuklearphysik keine Gültigkeit mehr haben. Gerade aus den Reihen der Physiker kommen heutzutage neue Denkansätze, was Energie- und Harmonieprinzipien im Menschen anbelangt, andere Vorstellungen von Energie und Materie, als Einstein sie noch hatte, scheinen erforderlich zu werden.
Viele Autoren beschreiben, daß es hinter dem uns bekannten

Kosmos vielleicht noch einen ganz anderen, für unser Verständnis völlig unbegreiflichen Kosmos gibt. Der bekannte Wissenschaftsautor Dr. W. Keller schreibt dazu in seinem Buch »Was gestern noch als Wunder galt« (Zürich 1973): »Zu den ungeheuren Kräften, die dort (in diesem unbegreiflichen Kosmos . . . die Verf.) schlummern, hat der Mensch Zugang! Er hat ihn nicht über die Ratio, sein grübelndes, denkendes, ordnendes, taghelles Bewußtsein. Wohl aber über die Tiefen seiner Psyche, über seinen Geist. In jenem anderen, immateriellen Universum . . . haben die in unserem, mit den Sinnen nur grob begreifbaren Seinsbereich herrschenden Gesetze keinerlei Gültigkeit, sind Raum, Zeit und Kausalität nicht existent . . .«
Ergänzend dazu ging Prof. Rhine sogar noch weiter. Er war der Meinung, daß ASW in jedem Menschen als Anlage vorhanden sei und zu den natürlichen Gaben und Fähigkeiten gehöre.
Es gibt gute Gründe für die Annahme, daß Prof. Rhine recht hat. Entwicklungsgeschichtlich gab es seit Urzeiten keine Trennung zwischen den seelischen Strukturen eines Menschen (im Sinne der heutigen Psychologie) und den außersinnlichen (ASW) Fähigkeiten. Das »menschliche Denken« als solches ist immer schon teils bewußt, teils unbewußt abgelaufen. Es erscheint so, als ob unsere Urahnen jedoch einen besseren Zugang zum Unterbewußtsein gehabt hätten als wir heute von uns annehmen.
Auffällig ist dabei, daß im Fortschreiten der menschlichen Entwicklung gleichzeitig mehr und mehr versucht wird, die Vorgänge der Natur zu objektivieren und zu systematisieren, und zwar unter wissenschaftlichen Gesichtspunkten. Mit der »Logik« der Betrachtung geht jedoch gleichzeitig die Verleugnung der »inneren Welt« einher. Phantasie und Intuition verlieren durch diese Betrachtung immer mehr an Gewicht, werden immer mehr von Logik und Ratio eingegrenzt.
Der Trend zu dieser Entwicklung des logischen Denkens begann vor ca. 2500 Jahren und schränkte den Zugang zum Unterbewußtsein immer mehr ein. Dieser vermeintliche Fortschritt blieb jedoch auf den griechisch-abendländischen Kulturraum begrenzt, keine andere Kultur kennt diese Trennung.

Durch die »Eroberung« dieser Erde durch »wissenschaftsorientierte« Europäer breitete sich auch die logisch-positivistische Weltanschauung aus.

Bewußtseinsspaltung

Einhergehend mit der Verleugnung aller nicht-logischen Elemente auf dieser Welt kamen aber gleichzeitig auch immer mehr ungeklärte Fragen auf, denn der Mensch erlebte sich auch weiterhin als sowohl bewußt als auch unbewußt strukturiertes Wesen.
Wir leben heute in einer Zeit, in der diese Bewußtseinsspaltung noch sehr deutlich spürbar ist. Zwar brachten die ungeklärten Fragen uns schon wieder auf einen Weg mit einer Öffnung hin zu den tieferen, unbewußten Strukturen, dennoch trennen wir heute sehr fein zwischen wissenschaftlichen und religiösen Vorstellungen, oder zwischen logisch beschreibbarer und metaphysischer Welt.
Alle Welterkenntnis, die ein Mensch jemals erwerben kann, steht immer in unmittelbarem Zusammenhang mit ihm selbst. Welterkenntnis gelingt letztendlich immer nur durch ein denkendes, deutendes und fühlendes Ich, durch den »Pool der mentalen Energie«, mittels unseres Geistes.
Klar wird an diesem Gedanken letztendlich, welcher Fehleinschätzung man aufsitzt, wenn der größere Teil des eigenen denkenden, fühlenden Ichs (nämlich das Unbewußte) als nichtexistent gilt.
Die Schlußfolgerung daraus kann aber nur heißen, daß jeder wissenschaftliche Versuch, der auch nur streng wissenschaftlichen Kriterien unterliegt (Wiederholbarkeit etc.), zum Scheitern verurteilt ist, um ein Gesamtes zu betrachten. Alle Logik kann demnach nämlich nur subjektiv bleiben - immer nur auf das persönliche Ich bezogen. Trotzdem »wissen« wir, daß es »hinter den Dingen« eine höhere Struktur geben muß. Selbst die Erfinder der Logik, nämlich die griechischen Philosophen haben eine höhere (göttliche) Macht anerkannt.

Die vollkommene Verleugnung der tieferen Strukturen bleibt der (nun vollkommen wissenschaftsorientierten) Neuzeit vorbehalten.
Prof. J. B. Watson (1878–1958), Begründer der amerikanischen Verhaltenspsychologie (Behaviorismus), faßt diese Einstellung in einem treffenden Satz zusammen: »Niemand hat jemals eine Seele berührt, oder sie in einem Reagenzglas gesehen!« Auf dem Gipfel der Ignoranz heißt das, was man nicht berühren oder im Reagenzglas sehen kann, gibt es nicht. Der auf die Meinung von Prof. Watson folgende Boom der Verhaltensforschung übertrug dann auch nur folgerichtig Schlußfolgerungen aus dem Verhalten von Ratten, Würmern und Affen auf das menschliche Verhalten.
Ein mentaler Mensch (mens, mentis, lat. = Seele, Geist, inneres Wesen, Denkkraft), der sich selbst ein geistig-seelisch orientiertes Weltbild erwirbt, ist für die reine Verhaltensforschung nicht denkbar.

These 14: Ratio und Unbewußtes existieren gleichzeitig und durchdringen sich gegenseitig (sind interdependent)!

Homo mentalis

Jeder Mensch hat Bedürfnisse, die weit über ein trieborientiertes »Verhalten« hinausgehen. Diese Bedürfnisse sind kulturell, religiös und mental. Ebenso steht fest, daß in jedem Menschen rationale und emotionale, mentale Strukturen vorhanden sind, da beide lebensnotwendig existieren müssen.
Nach dem Zweiten Weltkrieg, nach Hiroshima und Nagasaki, wurden seitens der Wissenschaft ständig Versuche gemacht, die mentalen Strukturen eines Menschen als *nicht-existent* zu beweisen. Menschliche Glaubensinhalte wurden »entmystifiziert«, und das Ergebnis lautete zusammengefaßt: »Alles ist

logisch nachvollziehbar, ist es das nicht, gibt es das auch nicht. So kann weder Gott, noch die Seele, noch ein Weiterleben nach dem Tod existieren, denn diese Hypothesen sind weder meßbar noch beweisbar.«

Der Begründer der analytischen Psychologie, C. G. Jung (1875-1961), und sein Schüler E. Neumann (1905-1960) widersprachen dieser neuen »Wissenschaftlichkeit« und fanden heraus, daß Menschen ohne Glauben, im Verleugnen ihrer mentalen Strukturen, überhaupt nicht lebensfähig sind. Jung und Neumann entdeckten und entwickelten das Gesetz von der transzendenten Funktion:

»Entsteht durch das Erlebnis von bestimmten Ereignissen, die Erfahrung von Tatsachen, die für das Bewußtsein ›sinnlich‹ nicht erfaßbar, für den Verstand also unerklärlich sind, eine im Bewußtsein nicht ausgleichbare Gegensatzspannung, so wird diese durch die Gestaltung einer ›übersinnlichen‹ Vorstellungswelt ausgeglichen.«

Der Psychologe F. W. Doucet meint dazu: »Für alles, was sich der Mensch nicht erklären kann, schafft er sich eine Glaubensvorstellung ... Es ist also das Unbewußte der Seele (das Mentale, die Verf.), das so hilfreich und regenerierend in das Wissensstreben des Bewußtseins eingreift, um dem Menschen bei seinen Zweifeln zu helfen und einen seelischen Ausgleich zu verschaffen ...«

Leben, in dem ständigen Verleugnen der eigenen mentalen Kräfte, ist ohne tiefste innere Beschädigung also gar nicht möglich. Gelingt es aber umgekehrt, die mentalen Kräfte zu nutzen, entstehen völlig neue Möglichkeiten.

These 15: Der Mensch ist ein mentales Wesen (homo mentalis), er vereint in sich das Bewußtsein und die Mentalkraft.

Phänomene der ASW

Mit den Ausführungen über den mentalen Menschen wollten wir Ihnen, lieber Leser, noch einmal zeigen, daß bei all unserem Denken und Fühlen gerade jene »Energie« im Spiel ist, von der landläufig angenommen wird, nur besondere Menschen hätten sie zur Verfügung, denn sie entzieht sich der wissenschaftlich-rationalen Untersuchungsmethodik.
Die Frage nach dem Umgang mit dieser »Energie« stellt sich eigentlich nun zwangsläufig. Wenn wir alle diese »Energie«, diese mentale Kraft besitzen, wie lernen wir wieder, mit dem umzugehen, was wir im Laufe der Entwicklung verlernt haben?
Es gibt eine ganze Reihe alter Texte, Überlieferungen aus anderen Kulturkreisen, die quasi methodische Anleitungen enthalten, mit den eigenen mentalen Energien umzugehen.
Es handelt sich um Anleitungen, die materiell orientierte Welt zu verändern, »Energie« zu handhaben, oder es werden Methoden beschrieben, um sich zum Beispiel in Intuition zu üben.
Um mit mentalen Energien aber überhaupt umgehen zu können, ist es wichtig, die Erscheinungsformen zu kennen, ohne die in den vorigen Kapiteln beschriebene Gefahr, einfach unerklärliche Vorgänge als durch mentale Kräfte hervorgerufene Erscheinungen zu verkennen. Wir meinen, in der Entdeckung Ihrer eigenen mentalen Kräfte, lieber Leser, liegt mehr Abenteuer als im Kenia-Safari-Urlaub. Denn was Sie entdecken können, sind Ihnen vielleicht bisher noch unbekannte Dimensionen Ihres eigenen Lebens, die zudem nichts kosten.

Hellsehen (Telästhesie)

Erinnern Sie sich noch an das Beispiel von Frau Lieselotte H.: Sie hatte die Zerstörung Kassels prophezeit. Viele Berichte, ähnlich dem Fall von Frau Lieselotte H., häufen sich in den Instituten, in denen ASW-Forschung betrieben wird. Alle diese Berichte beschreiben Vorgänge, denen mentale Energie zugrunde liegt.

Konkret kennen Sie diese Art der ASW unter den Bezeichnungen »Hellsehen«, »Lucidite«, »Clairvoyance« oder Telästhesie. In der Beschreibung dieser Vorgänge geht es immer darum, daß ein Mensch eine Information »empfängt«, die anderen Menschen anscheinend nicht zugänglich ist. Hellsichtige sind Menschen, die mittels ihrer mentalen Energie Ereignisse aus der Vergangenheit, der Gegenwart oder der Zukunft zusätzlich »wahrnehmen«.

Aus der Historie gibt es dafür wieder einmal zahlreiche Beispiele: Apollonius von Tyana »sah« am 16. September des Jahres 96 n. Chr., während er in Ephesus eine Rede hielt, plötzlich, daß zum gleichen Zeitpunkt der damalige römische Kaiser, Domitianus (Entfernung ca. 1250 km Luftlinie) von Verschwörern umgebracht wurde.

Eine andere Prophezeiung der »Hellseher« Moses und Hesekiel ist im Alten Testament verzeichnet. Moses sagt im 5. Buch Mose 4,27 über das Volk Israel voraus: »Und der Herr wird Euch zerstreuen unter die Völker, und es wird nur ein geringer Haufe übrig sein unter den Heiden.« Hesekiel 37,21 lautet dazu: »So spricht der Herr: Ich nehme die Söhne Israels wieder fort von den Völkern, wohin sie gegangen waren. Ich sammele sie von überall und bringe sie zurück zu ihrer Scholle. Ich mache sie zu einem Volk in meinem Lande auf den Bergen Israels.«

Beide Voraussagen sind eingetroffen, nach über 2000 Jahren regen sie wieder zum Nachdenken an.

Nicht nur die überlieferte Historie, auch die heutige Zeit bietet eine Fülle von Beispielen für ASW-Phänomene: Am 23. März 1865 erzählte der damalige amerikanische Präsident, Abraham Lincoln, daß er geträumt habe, er stände an einem Sarkophag, der mit militärischen Ehren aufgebahrt worden war. Er fragte im Traum einen Soldaten, der Wache hielt, wer denn gestorben sei. Dieser Soldat in Lincolns Traum antwortete: Der Präsident, er ist ermordet worden. Danach, so erzählte Lincoln, sei er erwacht. Lincolns damalige Gäste, denen er dies erzählt hatte, versuchten ihn zu beruhigen, aber er wirkte nach diesem Traum seltsam abwesend. Am 14. April 1865 wurde Abraham Lincoln anläßlich eines Theaterbesuches in Washington von einem politischen

Gegner, dem Schauspieler John Wilkes Booth, ermordet. Doch nicht nur soweit erfüllte sich die Vision von Lincoln, er wurde auch in einem offenen Sarkophag im Weißen Haus aufgebahrt. Es könnten noch unzählige solcher Ereignisse weiter aufgelistet werden. Alle diese Beispiele, wir sind uns fast sicher, Sie selbst kennen einige aus Ihrem eigenen Lebensbereich, haben eines gemeinsam: Sie scheinen das Vorhandensein einer Energie zu bestätigen, die jenseits unserer Vorstellung von zeitlichen und räumlichen Dimensionen liegt, und auch losgelöst von den Prinzipien der Kausalität erscheint.
Wir wagen die Behauptung, daß es sich bei dieser Energie eben um die mentale Energie handelt, die es möglich macht, Ereignisse der Zukunft, Gegenwart und Vergangenheit im fließenden Übergang wahrzunehmen, ohne materiell existent zu sein, das heißt, ohne selbst körperlich anwesend zu sein.
Seien es nun die Wahrnehmungen des Holländers Gerard Croiset, der verschwundene Kinder wiederfand, oder die von Eileen Garret, die sich für die wissenschaftlichen Experimente Prof. Rhines zur Verfügung stellte und die Katastrophe des Luftschiffes R 101 im Jahr 1930 voraussah, oder die von Jeanne Dixon und Helen Stalls, die die Kennedy-Morde voraussagten – alle beruhen auf einer Fähigkeit, über die wir, die Autoren, die Hypothese wagen, daß sie in allen Menschen latent vorhanden ist. Es handelt sich nach unserer Auffassung eben um jene mentale Energie, die im Unbewußten des Menschen ihren Ursprung hat oder so eine Art »Verbindungsstecker« zu übergeordneten Energien darstellt.

Telekinese (Psychokinese)

Die Phänomene der mentalen Energie treten jedoch nicht nur als Fähigkeiten des Hellsehens auf. Sie sind nicht beschränkt auf die Wahrnehmung von Eindrücken, Gedanken oder Visionen von zeitlich und/oder räumlich entfernten Vorkommnissen.
Bei der Erfassung von Mental-Energie-Phänomenen gibt es

Begebenheiten, die nachgerade unwahrscheinlich und unmöglich erscheinen. Es gibt Menschen, die die Fähigkeit besitzen, auf materielle, körperliche Dinge mit dem »Geist« Einfluß zu nehmen. Solche Fähigkeiten scheinen alle aufgestellten Naturgesetze in Frage zu stellen, ja sie setzen sie scheinbar außer Kraft, alle als wissenschaftlich formulierten Erkenntnisse erscheinen plötzlich nur noch als Artefakt. Denn, wenn Menschen mittels Mentalenergie die Macht über Dinge haben, ist dokumentiert, daß Materie der Mentalenergie unterlegen ist. Das würde bedeuten, Mentalenergie setzt alle die Naturgesetze, die uns bislang bekannt sind, außer Kraft, die psychisch-geistige Energie ist stärker, als wir es uns vorstellen können. Geist, Mentalenergie, beherrscht Materie - oder wie es die Amerikaner formulieren: »Mind over matter«.

Auch für diese Art ASW-Phänomen gibt es zahlreiche Überlieferungen seit altersher, zunächst einmal einige »moderne« Beispiele: Die Russin Nina Kulagina ist in der Lage, kleine Objekte, wie zum Beispiel Streichhölzer, allein durch ihre Mentalenergie zu bewegen; die Polin Stanislawa Tomczyk kann mittels Mentalenergie Zelluloidkugeln schweben lassen. Die wohl bekanntesten telekinetischen Versuche wurden von dem Medium Uri Geller, einem heute 40jährigen Israeli, der in London lebt, vor einigen Jahren spektakulär publik gemacht. Geller ist wohl der einzige bekannte Fall der Neuzeit, der alle ASW-Phänomene herbeiführen kann, die uns aus der Vergangenheit überliefert sind. Im Gegensatz zu den Medien der Vergangenheit zeigt er seine Fähigkeiten nicht in abgedunkelten Räumen oder bei »okkulten« Seancen, vielmehr auch im Licht der Scheinwerfer von Fernsehstudios oder in den Instituten der ASW-Forscher. Er selbst war in der Öffentlichkeit sehr umstritten, lieferte er doch immer wieder öffentlich »Beweise« seiner ungewöhnlichen Fähigkeiten.

Die Welt der »rationalen« Wissenschaften wurde verunsichert - Geller ließ sich auf nahezu jedes Experiment ein. Das wohl bekannteste Phänomen ist das »Löffelbiegen«. Geller nimmt einen Löffel zwischen Daumen und Zeigefinger der rechten Hand und reibt den Löffelstiel mit den Fingern der linken

Hand, dann hält er den Löffel noch kurze Zeit zwischen Daumen und Zeigefinger (1–2 Minuten) und der Löffel biegt sich fast rechtwinkelig ab.
Häufig haben Kritiker von Geller »bewiesen«, es handele sich nicht um psychokinetische Einwirkung, sondern durch das Metall des Löffels angreifende Säuren sei derselbe Effekt zu erzielen. Er scheut jedoch umgekehrt nicht die klassischen wissenschaftlichen Versuchsanordnungen, die keine »Mogelei« im logischen Sinne zulassen; auch unter solchen Bedingungen gelingt es ihm beliebig oft, Löffel zu verbiegen.
Erst vor kurzem gab es wieder Anlaß, über die ungewöhnlichen Fähigkeiten von Uri Geller zu diskutieren. In der Computer-Abteilung eines Hamburger Großverlages brachte Geller mit psychokinetischer (mentaler) Energie bei einem Versuch den Computer durcheinander. Der Computer war mit dem Programm der Erstellung eines gesamten Heftes einer Illustrierten »gefüttert«. Die gesamte Computeranlage arbeitete einwandfrei und war vor jedem Zugriff von außen durch Plexiglas gesichert. Geller konzentrierte seine Mentalenergie auf den arbeitenden Computer, wobei er ständig »mix up, mix up« vor sich hinmurmelte (»vermische, vermische«). Nach Beendigung des Programmes wurde das Band vom Techniker zurückgefahren, um die Funktionsfähigkeit zu überprüfen. Das Band stoppte plötzlich und die Anzeige auf dem Bildschirm gab »Magtape failure« (Störung des Magnetbandes) an. Das Band stoppte, so die spätere Überprüfung des Versuches, genau an der Stelle, an der Geller mit seiner »Beeinflussung« begonnen hatte. Die Markierungscodenummern des Bandes waren durcheinander geraten (vgl. Esotera 2, 87 S. 23ff.).
Solche und ähnliche Experimente werden mehr und mehr durchgeführt, um der Mentalenergie »auf die Schliche« zu kommen. Es gibt Menschen mit der Fähigkeit, eine Kompaßnadel mittels Einsatz ihrer psychokinetischen Kräfte zum Drehen zu bringen oder Menschen besitzen die Fähigkeit, einen Zufallsgenerator völlig außer Takt zu bringen (ein Zufallsgenerator ist ein Computer, der nach Zufallsprinzip würfelt, oder Lampen blinken läßt; die Häufigkeit des Zufalls kann nach der Wahr-

scheinlichkeitsrechnung berechnet werden). Außer Takt bringen heißt in diesem Fall, daß Menschen mittels Mentalenergie die mathematische Wahrscheinlichkeitsrechnung um 60–70% in der Trefferquote übersteigen – es entsteht die Frage nach dem Sinn der Wahrscheinlichkeitsrechnung.
All diesen Phänomenen der Psychokinese liegt unserer Meinung nach ebenfalls die mentale Energie als Voraussetzung zugrunde.

Sensitive Menschen

Wenn wir in den vorangegangenen Abschnitten davon ausgehen, daß es jedem Menschen möglich ist, Zugang zu seiner eigenen Mentalenergie zu schaffen, soll das nicht den Eindruck erwecken, sie sei bei allen Menschen zu jeder Zeit und in gleicher Ausprägung und in gleicher Intensität vorhanden. Der Zugang zu den mentalen Kräften ist so individuell, wie der Mensch selbst. Ebenso individuell ist das Finden des Zugangs zu dieser Energie und das Vertrauen in diese ureigene Energie, die, außer in ihren Auswirkungen, auch jedem selbst nicht anders greifbar wird. Sie läßt sich nicht wiegen, nicht messen und nicht mittels Intelligenztests erfassen. Die Auswirkungen liegen im Bereich des Fühlens.
Da gibt es Menschen, die sich selbst absolut sichere Prognosen über Ge- oder Mißlingen einer geplanten Unternehmung stellen können, ebenso diese Art von Prognosen für andere erstellen können. Es gibt Mütter, die aus der Ferne »Untaten« der Kinder erspüren. Solche Menschen nennt man Sensitive, d.h. es sind Personen mit ausgeprägten ASW-Fähigkeiten oder mit Zugang zur Mentalenergie. In der experimentellen Parapsychologie werden sie auch »High scorer« (Personen, die bei den Experimenten im ASW-Bereich hohe Ergebnisse erzielen) genannt.
Sensitive gibt es überall, sie neigen dazu, ihre Fähigkeiten auszuprobieren, deshalb sind sie vielleicht Wünschelrutengänger oder Wahrsagerin.

Es ist anzunehmen, daß all die genannten parapsychologischen Fähigkeiten jedoch nicht den sogenannten Sensitiven vorbehalten sind, sondern sie sind *sensitiv,* weil sie einen Zugang zu ihrem eigenen Inneren gefunden haben. Im weiteren liegt die Schlußfolgerung nahe, daß es jedem Menschen möglich ist, Zugang zu seinem eigenen Inneren zu finden, also mentale Fähigkeiten zu entwickeln.

These 16: Jeder Mensch ist sensitiv veranlagt.

Wer so ignorant ist, nur die Existenz dessen anzuerkennen, was »beweisbar« und »meßbar« ist, weil »Vordenker« diese These vertreten, verschließt sich selbst die Tür zum Abenteuer des Menschseins.
Shakespeares Hamlet sagt dazu: »Es gibt mehr Dinge zwischen Himmel und Erde, als Eure Schulweisheit sich träumt« ...

Radiästhesie

Mit dem Wort Radiästhesie wird ethymologisch die Fähigkeit bezeichnet, Strahlen zu empfinden (»Strahlenfühligkeit«). Heute findet der Begriff vielfältige Anwendung. So steht er zum Beispiel als Überschrift für die Fähigkeit, mit Hilfe eines sogenannten Pendels oder der sogenannten Wünschelrute verschwundene Sachen, unentdeckte Krankheiten, oder gar verschwundene Personen zu finden. Weiterhin - und das ist wohl die zur Zeit bekannteste Verwendung des Begriffes - bezeichnet Radiästhesie die Fähigkeit, mittels Hilfsgeräten, wie oben beschrieben (Pendel, Wünschelrute), Wasseradern aufzuspüren. Der »Wünschelrutengänger« sucht also nach Wasseradern, die noch unentdeckt unter der Erde verlaufen.
Das meist dafür eingesetzte Hilfsmittel ist die sogenannte Wünschelrute, die aus Holz (meist aus dem Haselstrauch) Y-förmig geschnitten wird. Der Wünschelrutengänger nimmt das offene

Ende des Y so in seine beiden Hände, daß die Spitze des Y dabei waagerecht zum Erdboden steht. Die Wasserader wird nun so gesucht, daß der Wünschelrutengänger, indem er die Rute wie beschrieben vor sich hält, losgeht. Wenn keine Wasserader unterirdisch vorhanden ist, verändert sich an der Stellung der Rute nichts, sie bleibt so ruhig, wie ihr Besitzer sie vor sich hinhält. Überschreitet dieser jedoch eine Wasserader, so biegt sich wie mit unsichtbaren Kräften gezogen die Rute mit ihrem freien Ende nach unten. Es gibt heute auch Ruten aus Metalldraht mit Kupfergriffen, deren Ausschlag noch empfindlicher sein soll, als bei hölzernen Ruten wie vorab beschrieben.
Wie bereits dargelegt, können Rutengänger mittels dieser Wünschelruten auch anderes als Wasseradern suchen und finden, einige Rutengänger verzeichnen dabei fast unglaubliche Erfolge.
Ein großes Bedeutungsfeld innerhalb der Radiästhesie wird mehr und mehr dem Pendel eingeräumt. Als Pendel kann nahezu jeder frei schwingende Gegenstand an einem kurzen Faden/Seil dienen. Vielleicht kennen Sie noch aus Ihrer Jugend das Spiel, bei dem Kinder einen Ring oder eine Nadel an einen Faden hängen, pendeln lassen und Fragen, bezogen auf die anwesenden Kinder, stellen (»Wieviel Kinder wirst Du später haben?«).
Radiästheten sagen, daß das Pendel unterschiedlich stark und in unterschiedliche Richtungen »ausschlägt«, je nachdem, auf was sich der Fragende vorher »mental« eingestellt hat. (Anm. d. Verf.: Im praktischen Teil dieses Buches finden Sie einige Versuchsanleitungen, mit denen Sie sich selbst Klarheit verschaffen können.)
Rutengehen und Pendeln verwandelten sich im Lauf der Zeit immer mehr in eine divinatorische Verwendung (Divination, lat. = Vorhersage verborgener Dinge). So ist der einschlägigen Presse immer wieder zu entnehmen, daß mit Hilfe des Pendels verschwundene Kinder, längst vermißte tote Menschen, oder sogar Schätze gefunden werden können. Die Radiästheten fühlen sich durch diese Erfolge in ihrer Meinung bestätigt, das Pendel sei das alleinige Medium, das zu solchen Leistungen

fähig sei, bzw. solche spektakulären Erfolge seien letztendlich nur durch die Zuhilfenahme eines Pendels zustandegekommen. Diese Ausschließlichkeitsannahme können wir in dieser Form nicht teilen, viel wahrscheinlicher erscheint uns das Pendel in solchen Fällen lediglich als »Hilfskonstruktion«. Wir haben beobachtet, daß »Pendelergebnisse« niemals ohne die Person des Pendlers betrachtet werden können. Man denke in diesem Zusammenhang an unsere Ausführungen in den vorigen Kapiteln zur Mentalenergie. Denn in der Tat scheint es auszureichen, wenn ein sogenannter Radiästhet ein Pendel über eine Landkarte hält, um den Aufenthaltsort einer ihm völlig unbekannten Person zu ermitteln.

Eine besondere Form der Spezialisierung findet mehr und mehr Verbreitung bei den Radiästheten. Es handelt sich um die Behauptung, sogenannte »Erdstrahlen« wahrnehmen (und auspendeln) zu können.

Diesen Erdstrahlen wird extrem krankmachende Wirkung nachgesagt. So soll ein Mensch, der längere Zeit in einem Bett schläft, welches von Erdstrahlen »durchstrahlt« wird, nach Theorie der Radiästheten unweigerlich krank werden, und erst wenn die Erdstrahlung beseitigt ist, besteht nach ihrer Auffassung die Chance, daß ein Patient wieder gesund wird. In Auswüchsen führt das zu ganzen Umgestaltungsaktionen von Wohnungen. Denn, tödliche Krankheiten - so die Radiästheten - werden durch Erdstrahlen unweigerlich gefördert - und sie stehen natürlich gern gegen meist hohes Entgelt zur Verfügung, um zu ermitteln, ob eine kranke Person auf solchen Erdstrahlen ihr Bett stehen hat. Denn diese Erdstrahlung soll alles durchdringen und solch massiv krankmachenden Einfluß haben, daß selbst Krebs von ihr ausgelöst werden soll.

Prof. Hans Schäfer, Universität Heidelberg, meinte anläßlich eines Fernseh-Interviews im ZDF, Jan. 1987: »Erdstrahlen sind frei erfunden . . . die heutige Physik gibt uns die Instrumente an die Hand, sämtliche Strahlen, auch in kleinsten Intensitäten zu messen oder nachzuvollziehen. Die Existenz von Erdstrahlen ist nicht bewiesen worden und man kann sicher sein, daß es diese überhaupt nicht gibt.«

Uns stört an den Ausführungen der meisten Radiästheten, wie schon vorhin bemerkt, daß mit einer ungeheuerlichen Ausschließlichkeit Behauptungen aufgestellt werden, ohne daß weitere Infragestellungen überhaupt nur denkbar werden. Denn, vielleicht wird einer Energie, die wirklich disharmonischen Charakter hat, nur ein völlig verbohrtes »Erdstrahl-Modell« zugeordnet, das nur der Aufrechterhaltung einer Theorie zuliebe ständigem Beweiszwang ausgesetzt wird. So liegt dann auch bei der »kommerzialisierten Strahlensuche« die Gefahr nahe, daß hier Geschäfte mit der Angst der Menschen eine hervorragende Ausgangsbasis haben - das, was an der Theorie jedoch als Ansatz zu einer Weiterentwicklung des Gedankens möglich ist, wird durch Gegenbeweise vernichtet. Wer sich ständig auf die Existenz von Erdstrahlen beruft, bezieht sich auf eine physikalisch meßbare Größe, er muß sich dann auch gefallen lassen, daß die Physik sich herausgefordert fühlt und Beweis oder Gegenbeweis sucht.
Wir meinen, es gibt einen Gedankenansatz, mit dem die Radiästheten ihre manchmal eingeschränkte Denkweise erweitern sollten. Ein Radiästhet ist sicherlich ein Mensch mit außerordentlichen Fähigkeiten. (Sie erinnern sich an die Möglichkeiten des Unbewußten, der mentalen Innenwelt jedes Menschen?) Wenn das Ergebnis der Forschung von Albert Einstein stimmt und die Erkenntnisse der neueren Physik nicht trügen, so ist alles, was Natur ausmacht - und dazu gehört der Mensch - rückführbar auf die Dimension der Atome, der Kernteilchen. Dann sind sie die Wirklichkeit, die dem gesamten Universum zugrunde liegt. Diese Dimensionen erschließen sich dem rational-gelenkten »Verstand« nicht, sondern dem Unbewußten. Die echten Radiästheten sind nach unserer Meinung sensitive Menschen, die feinstoffliche Veränderungen oder Signale »unbewußt« wahrnehmen (z.B.: Krankheit als Störung im Harmoniegleichgewicht des menschlichen Körpers, oder Wasseradern als andere stoffliche Komponenten wie es z.B. Tonerde ist). Pendel und Wünschelrute sind wahrscheinlich lediglich Indikatoren (Anzeiger) für Signale aus dem eigenen Unbewußten dieser Menschen.

Wunderheilungen

Die Massenmedien »stürzen« sich förmlich auf Berichte, in denen es über sogenannte Wunderheilungen zu erzählen gibt. Als Wunderheilungen werden dann erzielte Heilungserfolge bei solcherart Krankheiten beschrieben, die nach allen wissenschaftlich medizinischen Erkenntnissen letal (tödlich) ausgehen müßten.
Spektakulär erscheinen dem Leser solcher Nachrichten dann immer die sogenannten »aussichtslosen Fälle«, in denen dann X oder Z es gelungen ist, Heilung bis hin zur völligen Genesung zu bewirken.
Dabei ist auch dieses Thema nicht erst von den Redaktionen der Illustrierten unserer Zeit erfunden worden. Seit den Ursprüngen der Menschheitsgeschichte wird über Wunderheilungen berichtet. Oft braucht der »Wunderheiler« keine medizinische Vorbildung, einfaches »Handauflegen« genügt, um den Heilungsprozeß herbeizuführen. Von den Priestern im alten Ägypten, über »Medizinmänner« bis hin zu den »Wunderheilern« unserer Tage, immer gab es schon Menschen, die von sich behaupteten, solcherlei Heilungen vornehmen zu können.
Von der jeweils herrschenden wissenschaftlichen Lehrmeinung werden diese »Wunderheiler« nicht ernst genommen, in der heutigen Zeit werden Erfolge von solchen »Heilern« auf die Wirkung von Suggestion zurückgeführt. (Was aber gleichzeitig bedeutet, man würde die Wirksamkeit der Suggestion anerkennen!)
Dr. Werner Keller beschreibt einen wissenschaftlich überwachten, unter extremen Kontrollen durchgeführten Versuch, den die Professoren Bernard Grad (Biochemie), Remi J. Cadoret (Physiologie) und G. I. Paul (Mathematik) der McGill Universität, Montreal, gemeinsam im Jahr 1961 durchführten.
Ein Mr. E., später als Oskar Estebany identifiziert, der als Wunderheiler galt, wurde auf seine Fähigkeiten hin untersucht. Um jede Art von Suggestionseinwirkung von vornherein auszuschließen, suchte man als Versuchsobjekte 300 Mäuse aus. Es wurden drei Versuchsgruppen zu je 100 Mäusen gebildet. Allen

Mäusen wurde (unter Betäubung) ein kleines Hautstück aus dem Rücken entfernt, also allen Mäusen wurden künstliche Wunden zugefügt. Versuchsgruppe 1 wurde dann sich selbst überlassen.

Versuchsgruppe 2 wurde von einer Person behandelt, die versicherte, keinerlei Heilkräfte zu besitzen, und Versuchsgruppe 3 wurde von Mr. E. »behandelt«.

Der Käfig von Versuchsgruppe 3 wurde mit Papier umhüllt, so daß Mr. E. die Mäuse weder sehen noch berühren konnte. Zweimal täglich nahm Mr. E. diesen so präparierten Käfig in seine - so Keller - »wundertätigen« Hände. Die Versuchsgruppe 2 wurde ganz identisch von einer anderen Person, wie oben beschrieben, behandelt.

Am 15. und 16. Versuchstag konnten verblüffende Veränderungen im Befinden der Mäuse festgestellt werden: Die Mäuse, die Mr. E. behandelt hatte, »zeigten wesentlich kleinere Wundflächen« als die Mäuse der Gruppen 1 und 2. Die Professoren bemerkten in ihrem anschließenden Urteil dieses Versuchs: »Die Natur dieses Einflusses ist unklar.«

Wieder ein Mosaiksteinchen mehr, in dem großen Puzzle-Spiel um die Mentalenergie, die ein Mensch zu entfalten in der Lage ist.

Beginnt eine »Wunderheilung« nicht schon dann, wenn eine Mutter ihrem vor Bauchschmerzen wimmernden Kleinkind die Hand auf den Bauch legt und beruhigend auf das Kind einspricht, wenn dieses dann nach kurzer Zeit einschläft und seine Bauchschmerzen am anderen Morgen wie verflogen sind?

Es ist nicht anzunehmen, daß alle bekannten Wunderheilungen ausschließlich auf der Basis von Betrug oder Selbsttäuschung zustande gekommen sind. In England sind heutzutage die sogenannten »Geistheiler« in den offiziellen Krankenhäusern als Mitbehandler zugelassen und immer wieder wird, gerade von den behandelnden Ärzten, über Erfolge dieser »Geistheiler« berichtet. Bekannt geworden ist der Geistheiler Harry Edwards, über den der als überaus kritisch bekannte Prof. Tenhaeff sagte, daß er »Ergebnisse erziele, die die Aufmerksamkeit des Arztes verdienen.«

Die englische Bezeichnung für »Geistheiler« ist: mental healer (= Mentaler Heiler) und erscheint uns am zutreffendsten für Personen mit derartigen Fähigkeiten. Massiv mobilisierte, aktivierte Mentalenergie scheint es zu schaffen, disharmonische (= kranke) Systeme sozusagen aus dem Ruhepotential zu »schubsen«, um den Prozeß in Richtung Harmonie (= Gesundheit) wieder in Bewegung zu bringen. Es läßt sich erahnen, welche ungeheuren Kräfte diese Mentalenergie darstellen muß.
Eine Überlegung sei noch hier angeschlossen: Aufgrund unserer Erfahrungen in den eigenen Praxen meinen wir, daß jeder Zustand von »krank sein« ein disharmonischer Zustand des Körpers ist.
Um in irgendeiner Form »Heilung« zu bewirken, bedarf es eines mental-energetischen Anstoßes, wobei es fast so erscheint, als müsse dieser vom Patienten selbst erfolgen, »gezündet« durch die Hilfe des Behandlers. Dies würde bedeuten, daß nur diejenigen Personen, die sich ihrer mentalen Kräfte bewußt sind, auch die entsprechende Initiation beim jeweiligen Patienten auslösen können.
Der Patient ist immer in einem disharmonischen Zustand (sei es psychisch oder körperlich), wobei sich dieser disharmonische Zustand in irgendeiner Weise manifestiert hat, sonst wäre dieser Mensch kein Patient, sondern könnte sich selbst aus seiner disharmonischen Lage helfen. Die mentale Energie dieses Menschen ist also in irgendeiner Form blockiert. Die Frage, die sich ein Behandler nach unserer Meinung stellen sollte, ist die, wie er diese blockierte Energie wieder zum Schwingen bringt, so daß der Patient in die Lage versetzt wird, seine eigene mentale Energie (= Selbstheilungskräfte) für sich selbst einzusetzen.
Die Persönlichkeit des Behandlers spielt also in diesem »Schwingungsprozeß« eine weit größere Rolle, als manch einer das wahrhaben möchte. Wenn dieser die Genesung seines Patienten will, das heißt all seine ihm zur Verfügung stehende Mentalenergie für die Genesung des Patienten einsetzt, wobei medikamentöse Unterstützung der richtigen Art diesen »energetischen Effekt« noch verstärkt, gelingt es, den disharmonischen Zustand des Patienten zum Besseren hin zu verändern.

Nach unserer Meinung ist die Voraussetzung, daß dieser Prozeß so ablaufen kann, das Bewußtsein des Behandlers, daß er zum jeweiligen Zeitpunkt über mehr aktive mentale Energie verfügt als sein Patient und bereit ist, diese für den Patienten zu investieren.

Mentale Erkenntnis

Zugang zur Mentalenergie durch meditative Erkenntnis und hypnoide Verfahren

Im 13. Jahrhundert beschreibt der persische Dichter Rumi den Weg zur mentalen Erkenntnis mit einem Gleichnis: »Die ganze Welt habe ich auf der Suche nach Gott durchwandert und ihn nirgends gefunden. Als ich wieder nach Hause kam, sah ich ihn an der Tür meines Hauses stehen und er sprach: ›Hier warte ich auf Dich seit Ewigkeiten‹. Da bin ich mit ihm ins Haus gegangen.«

Rumi beschreibt vor einigen hundert Jahren genau unseren Buchtitel: »Das Abenteuer bin *ich*«.

Man kann die ganze Welt durchstreifen, ohne dabei jemals glücklich zu werden. Erst wenn es gelingt, einen Weg nach innen zu gehen, unsere mentalen Möglichkeiten zu erschließen, sind wir in der Lage, ein erfülltes, glückliches Leben zu führen.

In einem Sprichwort heißt es: »Viele Wege führen nach Rom«, man könnte ergänzen: »jeder suche sich seinen individuellen Weg aus!«

Genauso ist die Erschließung der eigenen Mentalenergie ein hochindividueller Prozeß, vielerlei »Wege führen nach Rom«. Bekanntlich beginnt jeder Weg mit dem ersten Schritt, das

heißt, wer sich nicht nach Rom aufmacht, wird dort auch niemals ankommen. Generell kommt derjenige, der nicht anfängt einen Weg zu gehen, niemals an einem Ziel an.
Für die Erschließung der eigenen Mentalenergie gilt das ebenso, wie für »das in Rom ankommen wollen«. Wer sich nicht um den Zugang bemüht, wer sich ständig nur nach außen orientiert, dadurch nur Außenlenkung erfährt, benimmt sich selbst der Chance einer glücklichen, erfüllten Lebensführung.

These 17: Jeder Mensch kann seinen eigenen Zugang zur Mentalenergie finden.

Die klassischen Methoden, den Weg nach innen zu finden, sind die Meditation und die hypnoiden Verfahren (vgl. ECON Ratgeber Nr. 20189, Ebert: Die Alpha-Entspannungs-Methode).

Meditation

Meditation bedeutet dem Wortsinn nach »Nachdenken«. Während einer Meditation versetzt sich ein Mensch in den Zustand innerer Versenkung (siehe dazu auch den praktischen Teil dieses Buches).
In diesem Zustand werden Außenreize und »bewußtes« Denken weitgehend abgeschaltet.
Dies geschieht mittels verschiedener Techniken, die alle einen Entspannungszustand voraussetzen, der beispielsweise durch bestimmte Atemtechniken oder bestimmte Körperhaltungen herbeigeführt werden kann. Die heute bekannten Formen der Meditation sind nahezu alle auf das hinduistische Yoga zurückzuführen und standen ursprünglich im Zusammenhang mit religiösen Methoden der Selbstbesinnung.
Heutige Meditationsformen der westlichen Welt führen über Körperentspannung in einen hypnoiden (hypnoseähnlichen) Zustand. Dies ist autosuggestiv (selbstbeeinflussend) erreichbar.

Hypnoide Verfahren

Zu den hypnoiden Verfahren zählen all jene Methoden (Autogenes Training, katathymes Bilderleben, Phantasiereisen), die durch Entspannung und gleichzeitige Konzentration auf einen bestimmten bildhaften Inhalt, die Wahrnehmung bestimmter Signale möglich machen. Nämlich die Wahrnehmung von Signalen aus dem eigenen tiefsten Inneren, die nach den Einleitungsmethoden für die Entspannung aus dem Unbewußten, dem mentalen »Zentrum« aufsteigen.

Die von uns entwickelte Alpha-Entspannungsmethode bewährt sich besonders für Menschen ohne meditative Erfahrung. Es gelingt mit dieser Methode relativ rasch und ohne die Vorbedingung einer meditativen Praxis, die Selbstversenkung zu erlernen.

Bei den hypnotischen Techniken geht es immer darum, bei sich selbst den Zustand (Alpha-Zustand) herbeizuführen, bei welchem die Schwingungen der Hirnwellen zwischen 8 und 13 Hertz liegen, da jeder Mensch in diesem Zustand Zugang zu seiner Innenwelt hat.

Ausdrücklich erwähnt sei an dieser Stelle nochmals, daß es jedem Menschen, der sich darum bemüht, gelingt, Zugang zu seinem Inneren zu schaffen. Es liegt also bei jedem einzelnen – die Tür zum Abenteuer in sich selbst aufzustoßen oder verschlossen zu lassen.

Wie in der Anmerkung zur Heilung schon dargelegt, gelingt es mittels Mentalenergie, den Körper und die Seele zu harmonisieren. Jede positive Vorstellung, die direkten Zugang zum Unbewußten (im hypnoiden Zustand) findet, realisiert sich. Jeder Gedanke hat den Drang, sich zu verwirklichen.

Auf den folgenden Seiten haben wir für Sie, lieber Leser, ein Programm zusammengestellt, anhand dessen Sie einmal versuchen können, Ihr eigenes Abenteuer zu erleben.

Wir haben Versuche ausgewählt, die leicht alleine durchzuführen sind und für die Sie keinerlei Vorbereitung benötigen.

Beachten Sie bitte bei der Durchführung, daß Sie keinen Erfolg haben *müssen,* dies ist für diese Art von Versuchen schon eine Blockade. »Wollen« wirkt sich im Umgang mit der Mentalenergie immer hinderlich aus. Gehen Sie entspannt und gelassen an die jeweiligen Übungsanweisungen, Sie werden mehr Erfolg verzeichnen.
Auf den nächsten Seiten können Sie also *erleben,* daß unsere Thesen der vergangenen Kapitel ein Wegweiser auf dem Weg zum »Abenteuer« in jene immaterielle Welt sind, die in jedem von uns wirkt.
Wir wünschen Ihnen viel Erlebnisfreude, Entdeckung und »Erfolg«.

Verborgene Mentalenergie
Ein Versuchs-Programm

Einige grundsätzliche Hinweise zu den Versuchen mit der Mentalenergie

Sie können bei jedem der folgenden Versuche voraussetzen, daß in jedem Menschen Mentalenergie schlummert, die nur geweckt werden muß. Also auch Sie besitzen potentielle Mentalenergie. Übereinstimmend sagen Mentaltrainer (die z.B. in der Gesellschaft für mentales Training e.V., Kassel, zusammengeschlossen sind), daß der Umgang mit der Mentalenergie genauso erlernt werden kann wie z.B. Autofahren oder Surfen. Spezielle Voraussetzungen zum Erlernen des Umgangs mit Mentalenergie gibt es nicht.

Wichtig ist es aber, daß Sie überhaupt Interesse haben, die Versuche durchzuführen, daß es Ihnen Spaß macht, auf Abenteuersuche zu gehen. Gelingt Ihnen ein Versuch gut (bei einigen davon geht das in aller Regel sehr schnell), so sollten Sie weiterüben, damit die Fähigkeit nicht »einrostet«.

Am besten nähern Sie sich der Materie entspannt und spielerisch (übermäßiger Zwang oder okkulte Seancen sind bestimmt nicht nötig, das alles behindert den Erfolg mehr, als ihn zu fördern).

Das Material, das Sie zu den Versuchen brauchen, finden Sie bestimmt mühelos in Ihrem Haushalt.

Die meisten der Versuche (außer Meditation und das Erleben hypnoider Zustände) können auch in einer Gruppe oder auch zusammen mit einem Partner durchgeführt werden.
Manchmal, wie beim »Hellsehen« oder den Versuchen zur ASW brauchen Sie sogar einen Partner.
Hier erst einmal eine Auflistung dessen, was wir für Sie zusammengestellt haben:

1. Versuche mit dem Pendel
2. Versuch Psychokinese
3. Versuche zur mentalen Heilkraft
4. Versuche mit verschiedenen Orakeln
5. Versuch zur Meditation und hypnoiden Zuständen
6. Versuch zum Hellsehen
7. Versuch zur ASW

Gelingt der Versuch, so beweist Ihnen das, daß Sie über Mentalenergie verfügen, die Sie selbst mobilisieren können.
Einen jeweiligen Hinweis zum Ausbau Ihrer Fähigkeiten finden Sie am Ende des jeweiligen Versuches.

1. Versuche mit dem Pendel

Die Ideomotorik (Carpenter-Effekt)
Das Gesetz der Ideomotorik besagt, daß Vorstellung eine Bewegung erzeugt. Die Kraft, die die Vorstellungsbewegung auslöst, ist die Mentalenergie.
Für diesen Versuch benötigen Sie:
1 Pendel (höchstens 40 cm langer Faden - daran geknotet: Nadel, eine kleine Schraube, Ring, etc.)
1 Blatt Papier DIN A 4
1 Schreibgerät
Vorgehen:
Zeichnen Sie eine 15 cm lange gerade Linie auf das Papier, die Mitte bei 7,5 cm markieren Sie mit einem kleinen senkrechten Strich.
Nehmen Sie nun das Pendel zur Hand, halten Sie dabei den Pendelfaden zwischen Daumen und Zeigefinger. Die Faden-

länge zwischen Pendel und Fingern soll ungefähr 15 cm Länge haben.
Halten Sie das Pendel jetzt senkrecht über den markierten Mittelpunkt der aufgezeichneten geraden Linie. Schwingen Sie Ihr Pendel mit Absicht von links nach rechts - entlang der Linie, ca. 1 Minute lang. Dann halten Sie die Pendelbewegung mit der freien Hand an. Lassen Sie es jetzt ganz ruhig senkrecht über dem markierten Mittelpunkt hängen (dabei kann der Ellbogen auf den Tisch bzw. die Unterlage aufgestützt werden).
Konzentrieren Sie sich jetzt nur auf die Schwingbewegungen des Pendels von links nach rechts.
Stellen Sie sich vor, daß das Pendel zu schwingen beginnt - von links - nach rechts. Halten Sie Ihre Hand ganz ruhig, konzentrieren Sie sich nur noch auf das Pendel.
Wenn Ihre Vorstellung stark genug ist, beginnt das Pendel tatsächlich entlang der aufgezeichneten Linie zu schwingen.
Gelingt Ihnen diese Übung, so konzentrieren Sie sich darauf, daß das Pendel Kreisbewegungen ausführt - es beginnt Kreisbewegungen auszuführen. *Je deutlicher Sie sich die Kreisbewegung des Pendels vorstellen, um so deutlicher wird das Ergebnis (Radiusgröße).*
Gelingt Ihnen diese Übung, stellen Sie sich die gegenläufige Kreisbewegung vor. Stellen Sie sich vor, das Pendel kreist genau andersherum. Gelingt Ihnen diese Übung, sollten Sie mit dem Pendel auch die nächsten Übungen versuchen.

Siderisches Pendeln

Beim siderischen Pendeln geht es darum, einen direkten Kontakt zu Ihrem Unterbewußtsein herzustellen.
Ähnlich dem ideomotorischen Effekt ist auch das siderische Pendeln keine »geheimnisvolle Geisterbeschwörung«, sondern ein Teil des Abenteuers, das in uns allen steckt.
Für diesen Versuch benötigen Sie:
1 Pendel (wie oben)
Vorgehen:
Halten Sie Ihr Pendel über eine nichts aussagende Unterlage (weiße Tischdecke, weißes Blatt Papier etc.), etwa 1 cm von

der Unterlage entfernt. Versuchen Sie jetzt in voller Konzentration, das Pendel zu »befragen«. Stellen Sie sich vor, das Pendel würde »ja« zu Ihnen sagen. Wenn Sie sich intensiv genug konzentrieren auf die Antwort »Ja« - wird das Pendel irgendeine Bewegung ausführen (kreisend, hin- und herschwingend, vor- und zurückschwingend). Die Pendelbewegung ist individuell - erfahren Sie die Bewegung, die es bei Ihnen für »ja« ausführt!
Gelingt Ihnen dieser Versuch, »befragen« Sie nun in der gleichen Art und Weise das Pendel nach »nein« und Sie werden wieder eine Bewegung des Pendels erhalten.
Gelingt Ihnen dieser Versuch, haben Sie nun ein ganz individuelles Befragungshilfsmittel für Ihr Unterbewußtsein bekommen.
Jede Frage, die Sie sich stark genug vorstellen, wird so die Antwort aus Ihrem Unbewußten anzeigen. Alle Fragen, die sich mit »ja« oder »nein« von der Fragestellung her beantworten lassen, sind bei diesem Versuch möglich.
Sie sollten sich dabei im klaren sein, daß die Antwort immer Ihre mentale Struktur wiedergibt.
Trotzen Sie deshalb der Versuchung, mit Ihren neu entdeckten Fähigkeiten nun bei anderen Menschen als »Prophet« aufzutreten.
Die Möglichkeiten für Sie allerdings sind unerschöpflich, und es liegt an Ihrem Einfallsreichtum, die richtigen Fragen an Ihre mentale Struktur zu richten.
Ein einfaches Beispiel mag dies verdeutlichen:
Falls Sie einen Gegenstand verlegt haben sollten, so »weiß« Ihr Unbewußtes sehr genau, wo Sie den Gegenstand hingelegt haben. Nehmen Sie Ihr Pendel und selektieren Sie geschickt nach der Ja-Nein-Methode, indem Sie immer weiter eingrenzen (Im Haus? - Ja, in der Küche? Nein, im Badezimmer? Nein, im Keller? Ja, im ersten Keller? . . . etc.), und zwar so lange, bis Sie die richtige Antwort gefunden haben.
Manchmal bewährt es sich, vor schwierigen Lebensaufgaben mit Hilfe des Pendels die tiefste innere Meinung (ohne die rationalen Erklärungen) zu erfragen.

2. Versuch zur Psychokinese

Mittels ihrer Mentalenergie gelingt es begabten Menschen, stoffliche Materie in Bewegung zu setzen. Dies geschieht, ohne den Gegenstand zu berühren.

Für diesen Versuch benötigen Sie:

1 Glas mit geradem Boden

einen waagerecht halbierten Weinkorken

1 Nähnadel

1 Blatt Schreibmaschinenpapier 10 × 10 cm

Vorgehen:

Stellen Sie das Glas mit der Öffnung nach unten auf den Tisch (gerader Untergrund). Stoßen Sie die Nähnadel durch den halbierten Weinkorken, so daß sie mit der Öse völlig im Kork steckt und ihre Spitze ca. 4 cm aus dem Korken ragt.

Stellen Sie den Korken mit der Nadelspitze nach oben auf die Mitte des umgekehrten Glases. Falten Sie das 10 × 10 cm große Papier in beiden Diagonalen, glätten Sie es anschließend wieder leicht.

Setzen Sie nun den »Papierschirm« *genau am Schnittpunkt der Diagonalen,* also am Schwerpunkt auf die Nadelspitze.

Die Anordnung sieht jetzt ähnlich wie ein Sonnenschirm aus, es kann losgehen.

Halten Sie Ihre beiden Hände nun (»wie schützend«) etwa 2–3 cm über den Papierschirm (Sie sollten völlig zugfrei arbeiten).

Stellen Sie sich jetzt vor, daß aus Ihren Händen Kraft strömt, die in der Lage ist, den Papierschirm zu bewegen. Stellen Sie sich vor, der Papierschirm beginnt zu kreisen (nach links, nach rechts) oder zu kippen, wie Sie möchten. Achten Sie darauf, daß Sie mit Ihrem Atem das Papier nicht anpusten.

Bei ausreichender Vorstellung beginnt nach kurzer Zeit das Papier sich zu bewegen.

Gelingt Ihnen dieser Versuch, können Sie die Versuchsschwierigkeit steigern. Versuchen Sie doch einmal eine Kompaßnadel aus Ihrer Stellung zu bringen, oder Ihren PC (wie Uri Geller) zu verwirren.

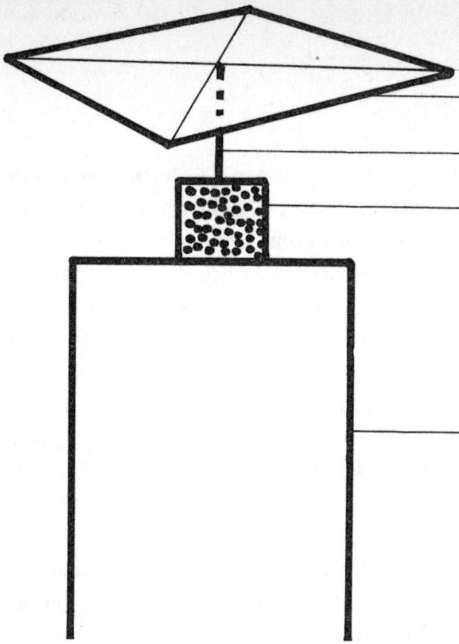

Dem Abenteuer dessen, was Sie ausprobieren wollen, sind keine Grenzen gesetzt.

3. Versuch zur mentalen Heilkraft

Im vorigen Teil des Buches haben Sie erfahren, daß mental healer durch »Handauflegen« Einfluß auf den Organismus eines Erkrankten nehmen können. Es geht dabei um den Einfluß der Mentalenergie auf lebende Zellen. Für Ihren Versuch genügt es, Pflanzen als biologische Systeme zu benutzen.
Für diesen Versuch benötigen Sie:
6 Blumentöpfe mittlerer Größe
1 Päckchen Bohnensamen
Blumenerde
Vorgehen:

Bezeichnen Sie die Blumentöpfe außen mit einem dicken Schreiber wie folgt:
2 Blumentöpfe mit +
2 Blumentöpfe mit o
2 Blumentöpfe mit –
Behandeln Sie die Bohnensamen ggf. nach Anleitung (Quellen o. ä.) vor. Nachdem Sie die Blumentöpfe mit Erde gefüllt haben, pflanzen Sie je 5 Bohnensamen in einen Blumentopf.
Stellen Sie sich jetzt vor, daß Sie mit Ihrer mentalen Energie das Wachstum der Bohnen beeinflussen können. Stellen Sie die Blumentöpfe alle auf ein Fensterbrett, so daß die äußeren Bedingungen für alle 6 Blumentöpfe gleich sind. Nehmen Sie sich täglich ca. 10 Minuten Zeit, um den Versuch durchzuführen.
Vollziehen Sie jeden Tag den gleichen Ablauf wie folgt:
Legen Sie Ihre Hände über die mit – gekennzeichneten Blumentöpfe und stellen Sie sich vor, daß Sie die Bohnen am Keimen hindern.
»Verfluchen« Sie dabei die Bohnen ruhig innerlich (konzentrieren Sie sich auf Vorstellungen wie: »Ihr schafft es niemals zu wachsen, ihr häßlichen Bohnen« etc.).
Die beiden mit o gekennzeichneten Blumentöpfe beachten Sie einfach nicht.
Die beiden mit + gekennzeichneten Töpfe behandeln Sie genau umgekehrt wie die ersten beiden.
Konzentrieren Sie Ihre Vorstellung auf »Wachstum«, stellen Sie sich vor, wie die Keime austrieben, denken Sie freundlich und positiv. Berühren Sie auch hierbei die Blumentöpfe mit Ihren Händen.
Wie schon erwähnt, sollen während des Versuches alle 6 Blumentöpfe die gleichen äußeren Bedingungen erhalten (gleich gießen, gleich viel Licht, etc.).
»Behandeln« Sie Ihre Bohnen so jeden Tag - Sie werden deutliche Ergebnisse erreichen. Um sicher zu gehen, können Sie Ihre Wachstumsergebnisse protokollieren.

Anmerkung:
Manchmal gedeihen die o-Pflanzen und die +-Pflanzen ähnlich gut, jedoch die --Pflanzen entwickeln sich schlecht oder gar nicht.
Zum einen ist negative Energie immer stark, zum andern ist auch hiermit Ihre mentale Kraft demonstriert - Sie haben das Wachstum gehemmt.
Gelingt Ihnen dieser Versuch, sollten Sie ihn auch noch mit anderen Samensorten ausprobieren. Bei Gelingen im positiven, d.h. wenn Sie es schaffen, bei den +-Pflanzen ein überragendes Ergebnis zu den beiden anderen Töpfen zu erzielen (muß signifikant sein), sagt Ihnen das, daß Sie über Mentalkräfte verfügen, die auf lebende Zellen Einfluß haben können.

4. Versuch, Orakel zu befragen

Schon Cicero berichtete über mentale Verfahren, die Zukunft vorauszusagen. Man nennt diese Verfahren »Orakelbefragung«. Ausgehend davon, daß »Zeit« ein willkürlicher, menschlicher Einteilungsfaktor ist, der lediglich unseren biologischen Alterungsprozeß in Verhältnismäßigkeit zu andern Abläufen setzt, besteht die Möglichkeit, daß Vergangenheit, Gegenwart und Zukunft in einen »Punkt« zusammenfließen (Alpha und Omega der Propheten!).
Sie können dazu nun selbst einige Versuche machen, sollten sich jedoch darüber im klaren sein, daß das, was Sie unter Umständen erfahren, kein unabänderliches Schicksal darstellt, sondern mehr etwas über Ihre Ausgangslage sagt.
Betrachten Sie die Ergebnisse als »Trendmeldung«, d.h. wenn sich die Ausgangslage nicht verändert, könnte sich ein Sachverhalt »orakelgemäß« entwickeln.
Die »Encyclopaedia Britannica« teilt die Methoden, Orakel zu befragen, in verschiedene Kategorien ein:

a) Interne Methoden
   - Aufgrund einer Bewußtseinsveränderung (Zugang zur Mentalenergie, d. Verf.), hängen sie ab von:

a 1) Empfindungen

a 2) Bewegungskräften
- Zauberstab
- Hydromantie
- Pendel
- Ordal
- unbewußtes Schreiben
- Tranceorakel

a 3) Mentalen Eindrücken
- Chiromantie
- Kartomantie
- Träume

b) Externe Methoden:
Man geht induktiv nach äußeren Fakten vor.

b 1) Loswerfen
- Würfel
- Knöchelchen
- Kokosnuß (Polynesien)
- etc.

b 2) Haruspizium, Skpulomantie
(nach den Eingeweiden)

b 3) Auguren und Omnia
(Vogelflug und Omen)

b 4) Astrologie
(Verlauf der Gestirne)

(zitiert nach: Sernor Tschou, »Wahrsagekunst und Astrologie«, ECON, Düsseldorf/Wien 1979)

Sicher steht bei allen Versuchen, Orakel zu befragen, der Wunsch im Hintergrund, etwas über die Zukunft zu erfahren. Orakelbefragen wurde dafür schon seit altersher benutzt, fallen doch Würfel und fliegen Vögel ohne Zutun des Befragers.

Wir betrachten hier Orakelbefragung mehr unter dem Aspekt der Einflußnahme von Mentalenergie auf Materie, denn die Annahme liegt nahe, daß der Orakelbefrager immer mit seiner eigenen Energie die Orakelmaterie (Karten, Pendel etc.) beeinflußt.

Orakelversuch 1

Sie benötigen zu diesem Versuch:
Stecknadeln oder mehrere Nähnadeln
1 Blatt Papier DIN A 3
1 Metallkugel oder Glasmurmel
1 tiefen Teller

A. Vorgehen 1:
Füllen Sie den tiefen Teller mit Wasser. Nehmen Sie 13 trokkene Nadeln in die Hand. Konzentrieren Sie sich innerlich auf eine Frage an das Orakel. Werfen Sie die Nadeln mit dieser inneren Vorstellung gleichzeitig in den Teller (auf einmal, wie Bleigießen).

Deutung: Die Nadeln liegen deutlich voneinander getrennt = Glück, Gelingen
Die Nadeln aneinander, aufeinander = Unglück, Mißlingen; je mehr Nadeln aufeinander liegen, um so höher die Wahrscheinlichkeit des Mißlingens.

B. Vorgehen 2:
Legen Sie das Blatt Papier auf einen Tisch. Zeichnen Sie darauf einen Kreis (Radius = ca. 3 cm). Legen Sie 25 Stecknadeln in den Kreis, machen Sie aus den Nadeln in der Mitte des Kreises ein Häufchen. Nehmen Sie die Kugel (Murmel) zwischen Daumen und Mittelfinger, setzen Sie sie leicht auf der Spitze des Nadelhäufchens auf und drehen dann im Loslassen die Kugel (Murmel), wie einen Kreisel mit den beiden Fingern an. Dabei werden die Nadeln »verschleudert«.

Deutung: Interpretieren Sie die Nadeln, die außerhalb des gezeichneten Kreises geschleudert wurden, nach umseitiger Tafel:
Dieses Orakel stammt aus dem 18. Jahrhundert, es war ein beliebtes Gesellschaftsspiel.

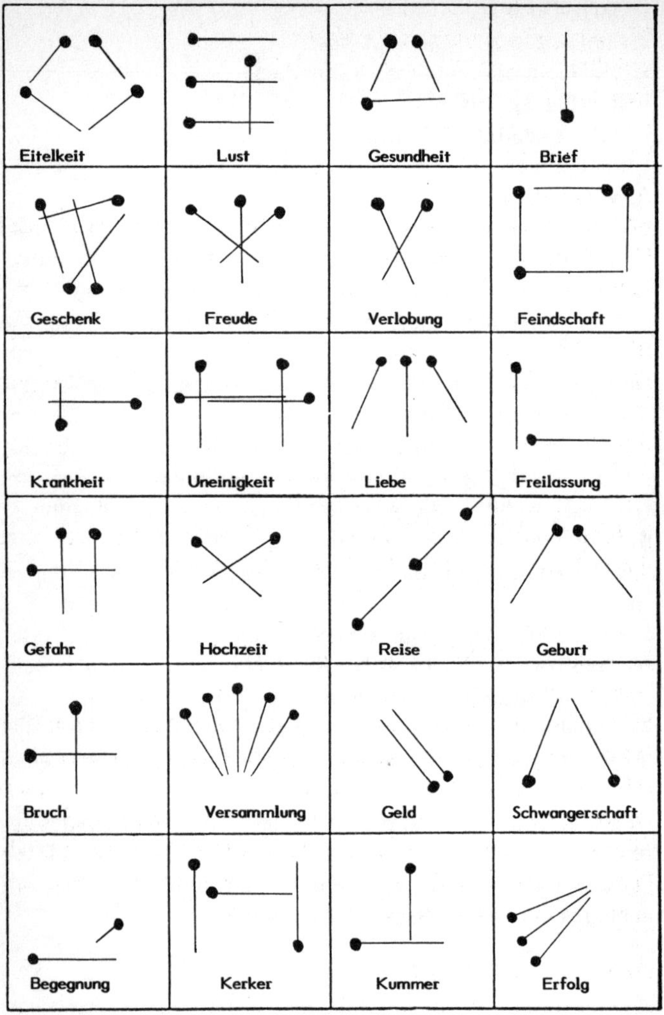
Eitelkeit
Lust
Gesundheit
Brief
Geschenk
Freude
Verlobung
Feindschaft
Krankheit
Uneinigkeit
Liebe
Freilassung
Gefahr
Hochzeit
Reise
Geburt
Bruch
Versammlung
Geld
Schwangerschaft
Begegnung
Kerker
Kummer
Erfolg

Orakelversuch 2
Sie benötigen für diesen Versuch:
1 Füller
rote Tinte
Schreibmaschinenpapier

A. Vorgehen 1:
Schreiben Sie die Frage an das Orakel und den Namen des Orakelbefragers möglichst auf die Mitte eines Blattes Papier. Falten Sie das Papier nun einmal (von unten nach oben). Öffnen Sie es wieder und tropfen Sie 13 Tropfen rote Tinte auf das Blatt und pressen Sie es wieder entlang des Falzes zusammen.
Deutung: Die Tintentropfen haben Kleckse gebildet, die den Namen und die notierte Frage umranden. Betrachten Sie die Formen und die Standorte der Kleckse in Beziehung zu Namen und Frage, interpretieren Sie die so erhaltene Antwort selbst. Die Stellen, an denen keine Tinte zu sehen ist, werden so gedeutet, daß zu diesem Punkt keine Beziehung herrscht bzw. dieser Punkt unwichtig für die Zukunft ist.

B. Vorgehen 2:
Reduzieren Sie Ihre Frage auf ein Wort.
Beispiel: »Soll ich neues Auto kaufen?« = Auto.
Schreiben Sie das so erhaltene Wort *schnell* mit einem Füller auf die Mitte eines neuen Blattes Papier. Falten Sie das Blatt schnell in der angegebenen Weise von Vorgehen 1, interpretieren Sie das entstandene Klecksbild als Antwort auf Ihre Frage.
Die beiden hier geschilderten Methoden eignen sich gut als Gesellschaftsspiele, den gefundenen Antworten sollte hier nicht allzuviel Bedeutung beigemessen werden.

Orakelversuch 3: I-GING
Eine besondere Form des Orakels stellt das I-GING dar. Es ist nach Ansicht der Sineologen bereits im 7. Jahrhundert vor Christus entstanden. Ursprünglich wurden Halme der Schafgarbe geworfen, und aus den Halmen wurden sogenannte Hexagramme gebildet:

Hexagramm des I-GING No. 53

DSIËN = Die Entwicklung / allmählicher Fortschritt

Jedem Hexagramm ist eine Bedeutung zugeordnet.
Die 64 Hexagramme des Orakels beschreiben die Entwicklungsrichtung menschlichen Schicksals. Seine außerordentliche Bedeutung liegt darin, daß es sich als mentales System erweist, das schon Konfuzius zur Überprüfung seiner geistigen Entwicklung benutzt haben soll.
Sollten Sie Interesse an einer I-GING-Befragung (heute werden 3 Münzen statt der Schafgarbenhalme benutzt) haben, so raten wir Ihnen, sich eine entsprechende Anweisung zu kaufen.
Das I-GING mit seinen 64 Hexagrammen spiegelt die Einstellung einer gesamten asiatischen Kultur und Philosophie wieder, wir halten es für vermessen, es an dieser Stelle in Kurzform abzuhandeln.
Aber es ist der Erwähnung in diesem Zusammenhang wert, es gibt Aufschluß über die Möglichkeiten mentaler Energie wie kein anderes Orakel.

5. Versuche zu Meditation und hypnoiden Zuständen

Im Gegensatz zur Orakelbefragung handelt es sich bei Meditation und hypnoiden Zuständen um die beiden wichtigsten Methoden, um Zugang zur eigenen Mentalenergie zu erhalten.
Die Abwandlung der Grundverfahren ist vielfältig und muß individuell ausprobiert werden.
Wir haben hier zwei Versuche ausgewählt, die leicht durchführbar für den Ungeübten sind, jedoch mit hoher Wahrscheinlichkeit zum gewünschten Erfolg führen.

1. Meditation
Die Alpha-Entspannungsmethode nach Ebert

Vorgehen:

Um diese Entspannungsübung durchzuführen, befolgen Sie bitte die nachstehenden Übungsanleitungen:

Sorgen Sie dafür, daß Sie während der Übungszeit (ca. 20 Min.) nicht gestört werden.

Legen Sie sich ganz bequem auf eine Couch, Bett etc. und spielen Sie ggf. ganz leise eine Entspannungsmusik Ihrer Wahl ab.

Versuchen Sie auf keinen Fall, mit »festem Willen« etwas erreichen zu wollen. Vielmehr ist es notwendig, das alles, was nun erfolgt, »einfach von selbst geschieht«.

»Echte Entspannung« ist abhängig vom Unbewußten, vom Loslassen-Können. Sie dürfen also den Gedanken der Alltagswelt nicht mehr gestatten, über Gebühr in Ihrem Kopf herumzuspuken. Denken Sie daran, daß Sie zu Ihrem Unbewußten Zugang finden wollen.

Überzeugen Sie sich nun davon, daß Sie ganz locker und entspannt daliegen.

Schließen Sie die Augen. Dann lassen Sie Ihre Gedanken ziehen, wie sie gerade kommen. Versuchen Sie, keinen Gedanken festzuhalten, lassen Sie einfach los, lassen Sie alles so geschehen, wie es von selbst geschieht.

Haben Sie diesen Zustand gefühlsmäßig erreicht, so schauen Sie mit beiden (geschlossenen) Augen auf einen fiktiven Punkt zwischen Ihren Augenbrauen. Sie konzentrieren sich nun ganz auf diesen Punkt. Sie beobachten dabei, wie Ihre Entspannung weiter zunimmt.

Nun achten Sie besonders auf Ihre Atmung. Atmen Sie jetzt bewußt ruhig und gleichmäßig. Dies soll völlig ohne Mühe und Anstrengung geschehen. Stellen Sie sich jetzt bei Ihrer Übung vor:

Mit jedem Atemzug nehmen Sie positive, ruhige Energie auf, bei jedem Ausatmen geben Sie verbrauchte, negative Energie ab.

Atmen Sie auf keinen Fall angestrengt und angespannt (vielleicht in dem Wunsch, alles besonders »richtig« machen zu wollen). Sie sollten beim Atmen das Gefühl bekommen, daß die Atmung ein ruhiger, sanfter, gleichmäßiger und automatischer Vorgang ist.

Atmen Sie durch die Nase ein und aus; atmen Sie in den Bauch.

Wenn Sie feststellen, daß Sie ruhig und gleichmäßig atmen, *nicht vorher,* zählen Sie die darauffolgenden Atemzüge bis 10 in Gedanken mit.

Stellen Sie sich dabei mit jedem Atemzug die Zahl, die Sie gerade zählen, ganz deutlich vor (zum Beispiel als Ziffer an einer Haustür). Mit jeder vorgestellten Zahl - das werden Sie sehr schnell bemerken - wird Ihre Entspannung mehr und mehr zunehmen.

Mit der Zahl 10 haben Sie, bei richtiger Ausführung der Übung, Ihren Alpha-Entspannungszustand erreicht.

Stellen Sie sich nun vor, wie sich ein Tor (zu Ihrem Unbewußten) öffnet. Konzentrieren Sie sich auf folgenden Gedanken:

»Ich entspanne mich im Strom des Lebens und lasse mit Behagen das Leben durch mich hindurchfließen.«

Diesen Gedanken wiederholen Sie 5–10mal. Danach können Sie einfach »Bilder« aus Ihrem tiefsten Inneren aufsteigen lassen.

Um aus dem Entspannungszustand wieder herauszukommen, brauchen Sie nur wieder rückwärts zu zählen, von 10–1 (ohne sich dabei jedoch die jeweiligen Zahlen vorzustellen).

Bei 1 werden Sie wieder im vollwachen Zustand sein. Sie brauchen jetzt lediglich beide Hände zu Fäusten zu ballen und kräftig vor die Brust zu drücken. Sie werden dann ganz munter, ganz entspannt, ganz wach sein (vgl. Ebert: Die Alpha-Entspannungsmethode, ECON TB 20189).

Grundschema der Alpha-Entspannungsmethode:

1. Die richtige Umgebung aufsuchen.
2. Wenn möglich, leise Entspannungsmusik abspielen.
3. In bequemer Rückenlage die Augen schließen.
4. Die Gedanken ziehen lassen, keinen Gedanken festhalten.
5. Den »Blick« bei geschlossenen Augen auf die Nasenwurzel richten (Ihre Konzentration richtet sich auf den Punkt zwischen den Augenbrauen).

6. Ruhig und gleichmäßig atmen.
7. Wenn der Atem ruhig und gleichmäßig geht, die folgenden Atemzüge von 1–10 mitzählen (Hausnummern o.ä. dabei vorstellen).
8. Vorstellen, daß sich das Tor zum Unbewußten öffnet.
9. Die Formel eingeben (5–10 × wiederholen).
10. Rückwärts zählen von 10 bis 1.
11. Hände zu Fäusten ballen und beide Fäuste kurz und kräftig vor die Brust drücken.
12. Die Augen öffnen.
13. Langsam und gemächlich aufstehen.

Sicher wird es Ihnen schon nach einer kurzen Übungszeit gelingen, immer mehr »Bilder« aus Ihrem eigenen Inneren zu »empfangen«. Gelingt Ihnen dieser Versuch, können Sie damit anfangen, sich im Alpha-Zustand auf eine bestimmte Frage, ein bestimmtes Problem zu konzentrieren und erleben, welche »Bilder« Ihnen auf mentalem Weg zugänglich werden.

2. Hypnoide Verfahren

Hypnoide sind »hypnoseähnliche« Zustände. Mittels dieser Methoden kann man versuchen, unter Einsatz von Mentalenergie, Verhaltensänderung zu erreichen. Der nachstehende Versuch gehört in den Bereich der sogenannten »Suggestibilitätsprüfungen«. Der Hypnosetherapeut kann damit zum Beispiel unter anderem die »Empfänglichkeit« eines Patienten für die eigentliche Hypnose testen.

Es geht für Sie in diesem Versuch darum, zu erfahren, wie durch die Mentalenergie Ihre Vorstellung Wirklichkeit werden kann.

Für diesen Versuch benötigen Sie einen Partner oder eine Partnerin, und Sie sollen versuchen, durch Einsatz Ihrer Mentalenergie, wirksam auf den Partner konzentriert, daß dieser (diese) nach hinten fällt, ohne daß Sie diese Person anschubsen.

Vorgehen:

Sie stehen hinter der jeweiligen Person. Stellen Sie sich so dahinter, daß wenn die Person nach hinten kippt, Sie in der Lage sind, sie aufzufangen. Sie stehen also hinter der Versuchsperson und legen Ihre beiden Hände locker auf deren Schultern. Bitten Sie den jeweiligen Partner, die Augen zu schließen. Konzentrieren Sie sich jetzt darauf, daß der Partner nach hinten fällt. Stellen Sie sich ganz fest vor, dieser würde nach hinten fallen und zwar in dem Augenblick, in dem Sie Ihre Hände von seinen Schultern nehmen. Stellen Sie sich diesen Vorgang ganz plastisch und bildlich vor.

Ihre eigene Konzentration versuchen Sie nun mit Worten auf den Partner zu übertragen. Sprechen Sie dabei leise, langsam und beruhigend:

»Du stehst jetzt ganz locker, entspannt und bequem. (Die Füße stehen dicht nebeneinander.) Dein Atem geht ruhig und gleichmäßig - ruhig und gleichmäßig atmen.

Schließe nun Deine Augen.

Du spürst, wie Du Dich bei jedem Ausatmen mehr entspannst. Lasse Deine Gedanken ziehen, wie sie gerade kommen, halte keinen Gedanken fest. Lasse einfach los - laß alles geschehen, wie es von selbst geschieht.

Du hörst nur noch auf meine Stimme, die in Deinem Sinne zu Dir spricht.«

(kleine Pause)

»Wenn ich gleich meine Hände von Deinen Schultern nehme, zieht Dich ein unwiderstehlich starker Sog nach hinten - wenn ich meine Hände von Deinen Schultern löse, zieht Dich ein unwiderstehlich starker Sog nach hinten (letztere Formel von »wenn« bis »hinten« ungefähr 6mal wiederholen).

Nun »ziehen« Sie langsam, aber ohne Einwirkung auf die Versuchsperson, Ihre Hände nach hinten weg, wie wenn Sie diese an einem unsichtbaren Band nach hinten ziehen wollten. Seien Sie gegenwärtig, daß Ihr Partner unter Umständen augenblicklich wie angestoßen zurückfällt. (Der Versuch gilt bereits als gelungen, wenn Ihr Partner deutlich mit dem Oberkörper zu wackeln beginnt.)

Kippt der Partner noch nicht nach hinten, so verstärken Sie Ihre Einflußnahme durch Konzentration und durch Worte:

»Je mehr Du Dich gegen den Sog wehrst, um so stärker wird der

Sog, der Dich nach hinten zieht . . . immer stärker wird der Sog, der Dich nach hinten zieht . . .«

Anmerkung:
Dieser Versuch gelingt fast immer, wenn Sie sich stark genug konzentrieren und der Versuchspartner eine positive Einstellung hat. Er muß sich sozusagen »neutral« verhalten und Ihre Mentalenergie zulassen. Setzt der Partner mehr Mentalenergie dagegen, als Sie aufbringen können, wird er sich nach vorne, in die gegenläufige Richtung, bewegen.
Ihre Vorstellung vom »nach hinten Kippen« muß in jedem Fall sehr stark sein.
Wenn der Partner umkippt, so fangen Sie ihn auf und bringen Sie ihn wieder »auf die Beine«.
Lösen Sie Ihren mentalen Einfluß wieder auf, indem Sie ihm sagen: »Du bist nun wieder ganz locker und entspannt, Dein Körper ist leicht, Du fühlst Dich frisch und entspannt.«
Sprechen Sie betont langsam und ruhig!!!

6. Versuch »Hellsehen«

Hellsehen, die Wahrnehmung verborgener Ereignisse aus Vergangenheit, Gegenwart oder Zukunft, gelingt nach Aussage der sogenannten Medien am besten in einem Zustand entspannter Gelassenheit.
Dabei darf es keine Absicht geben, nun unbedingt etwas bestimmtes sehen zu wollen:
Denn die Wahrnehmung richtet sich bei nicht ausreichender Entspannung immer verstärkt auf die unmittelbare Umgebung. Dadurch ist die Gefahr groß, Signale aus dem Mentalbereich, dem Unbewußten, zu »überhören«, d. h. nicht wahrzunehmen.
Aus diesem Grund starten Sie Ihren »Hellseh-Versuch« wie unter Punkt 5.1 bei der Alpha-Entspannungsmethode beschrieben.
Vorgehen:
Die Einleitung in die Entspannung analog zum Grundschema

Alpha-Entspannungsmethode bis zum Punkt 8 (eingeschlossen) durchführen. Nachdem Sie sich das Tor zu Ihrem Unbewußten geöffnet haben, stellen Sie sich vor, daß Sie allein in einem Kino sitzen. Sie schauen auf eine erleuchtete Leinwand, – sozusagen Ihre persönliche »Hellseher-Leinwand«. Fordern Sie jetzt Ihr Unbewußtes auf, Ihnen ein Bild, eine Bildsequenz zu zeigen. Konzentrieren Sie sich dabei auf einen solchen Gedanken (z.B.: »Zeige mir jetzt die Bilder . . .«)
Warten Sie nun gelassen ab, was geschieht.

Anmerkung:
Dieser Versuch ist relativ schwierig, Sie müssen ihn unter Umständen mehrfach wiederholen, um zu einem Erfolg zu kommen.
Immer werden Sie sich dabei jedoch entspannen, das heißt in jedem Fall etwas für sich selbst tun.
Beenden Sie diesen Versuch mit dem Rückwärtszählen wie unter Punkt 10–13 im Grundschema Alpha-Entspannungsmethode angegeben.
Gelingt Ihnen dieser Versuch, haben Sie so für sich einen kleinen »Beweis«, daß an der Theorie, die besagt, daß Zeit, Raum und Kausalität unwichtig sind, doch etwas daran sein muß.

7. Versuch ASW

Telepathie
Telepathie nennt man eine besondere Form der ASW, bei der eine Person auf mentalem Weg versucht, aus der Psyche einer anderen Person Informationen aufzunehmen.
Echte Telepathie läßt sich durch Versuche gut nachweisen.
Für diesen Versuch benötigen Sie:
einen Partner/eine Partnerin
25 Karten (Karteikärtchen, kleiner Abreißblock o.ä.)
Aber: die 25 Karten müssen alle identisch sein.

Vorbereitung:
Zeichnen Sie nun auf je 5 Karten die nachstehenden 5 Bilder. (Skizze reicht aus.)
Vorschlag 1

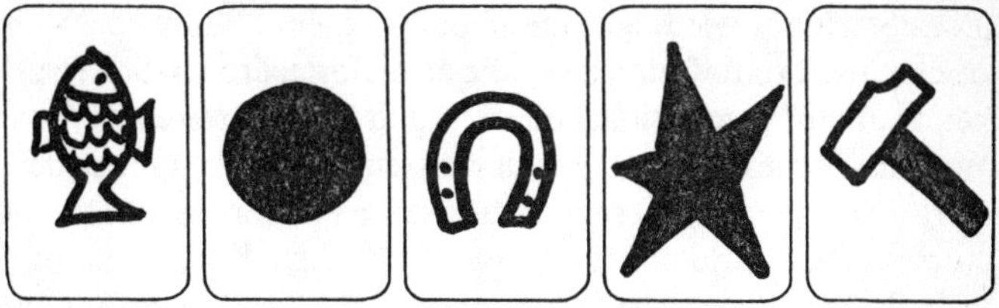

Fisch Ball Hufeisen Stern Hammer

Vorschlag 2 (Dies sind die klassischen Versuchsformen, d. h. die international anerkannten Symbole der DUKE-Universität, die nach ihrem Erfinder, die sogen. ZENER-Karten genannt werden.)

sogn. "ZENER"-Karten

Sie haben jetzt also 5 × 5 Bilder.

Vorgehen:
Zeigen Sie Ihrem Partner die fünf verschiedenen Symbole. Mischen Sie jetzt alle 25 Karten durcheinander (mehrmals mischen).
Legen Sie den so gemischten Kartenstapel vor sich auf den Tisch, Ihr Partner nimmt gegenüber Platz, stellen Sie eine

»Trennwand« (Buch o. ä.) zwischen sich, so daß der Partner den Kartenstapel nicht sieht.
Ihr Partner hält Papier und Schreiber bereit.
Er soll nämlich notieren, was er glaubt von Ihrer Konzentration aufgenommen zu haben.
Dies geschieht wie folgt:
Sie nehmen vom Kartenstapel die erste Karte, drehen Sie herum (Partner darf Karte nicht sehen!!!) und konzentrieren sich nur noch auf dieses Symbol, indem Sie gleichzeitig versuchen, dem Partner dieses Symbol mental zu senden. Weder Gestik, Mimik noch Sprache sind dabei erlaubt, nur höchste Konzentration.
Der Partner versucht das von Ihnen so übermittelte Symbol aufzunehmen und notiert zum Beispiel: Symbol 1: Fisch.
Führen Sie die Reihe der 25 Karten alle in dieser Verfahrensweise durch, indem Sie darauf achten, daß die Karten beim Weglegen in ihrer Reihenfolge bleiben.
Nun können Sie den Ergebnisvergleich durchführen.
Wenn Symbol 1 wirklich der Fisch war, zählt dies als Übereinstimmungspunkt. Wenn Symbol 1 der Ball war, erhalten Sie keinen Übereinstimmungspunkt.

Auswertung:
Nach der mathematischen Wahrscheinlichkeitsrechnung können Sie 5 Übereinstimmungspunkte als mathematisch gegeben hinnehmen.
Wenn Ihre Übereinstimmungspunkte deutlich über 5 liegen (10–20), so können Sie davon ausgehen, daß einer der beiden Partner oder sogar beide, telepathische Fähigkeiten besitzen.
Dasselbe gilt übrigens auch für deutlich weniger als 5 Übereinstimmungspunkte. Der parapsychologische Fachausdruck für das Unterschreiten von mathematisch wahrscheinlichen Übereinstimmungspunkten heißt »PSI-missing«. Er bezeichnet das unbewußte Vermeiden von »Treffern« ebenso als Anzeichen für die Wirksamkeit von Mentalenergie.
Um noch deutlichere Ergebnisse zu erzielen, können Sie z. B. 4 ganze Durchgänge miteinander ausprobieren. Die mathematische »Übereinstimmungsquote« liegt dann bei 20 Punkten.

Nachwort

Liebe Leserin, lieber Leser,
das Glück eines Menschen hängt davon ab, wie er mit sich selbst umgeht.
In unseren Praxen erleben wir täglich Menschen, die, in schwerste Lebenskrisen geraten, ruinösen Umgang mit Ihrer Gesundheit treiben - weil sie nichts von ihren ureigensten Energien wissen, geschweige denn gelernt haben, damit umzugehen.
Sie haben vielleicht den einen oder anderen Versuch schon durchgeführt, vielleicht haben sie auch schon eine Antwort auf ihre persönliche Frage nach dem MEHR ... als, erhalten.
Wenn wir uns zunehmend als mentale Wesen begreifen lernen, erschließt uns das eine neue Weltsicht. Wir stehen nicht mehr als isolierte Erscheinungsform »Mensch« in der Schöpfung, in der Natur, sondern wir begreifen (fühlen), daß wir mit allem, was das Universum ausmacht, verbunden sind. Letztendlich gelingt es uns, uns als Energie in einem Ozean der Energien zu betrachten.
Der »Anschlußstecker« ist die Mentalenergie.
»Das Abenteuer bin ich« erfordert eine neue Art von Mut - wir sollten ihn für uns aufbringen.
Falls Sie Fragen zu den angesprochenen Themen, speziell auch über den Zusammenhang Mentalenergie-Gesundheit haben, wir drücken uns nicht um die Antwort.

Klaus D. Ebert
Vorstands-Vorsitzender
d. Gesellschaft f. mentales
Training e.V.
u. Leiter des TALIS-Instituts
f. mentales Training
Wilhelmshöher Allee 262,
3500 Kassel. Tel. 0561/36003

Karin Ebert
Heilpraktikerin

Sachregister

Autogenes Training zum Wohl der Gesundheit.

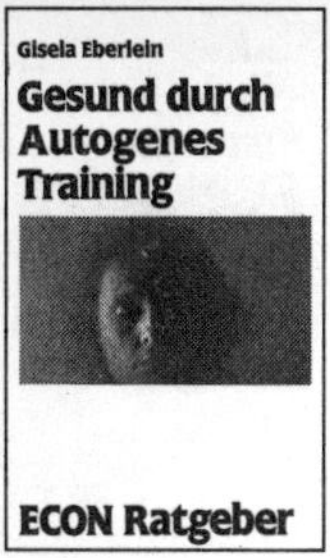

Eberlein, Gisela
Gesund durch Autogenes Training
132 Seiten
6 Zeichnungen
7,80 DM
ISBN 3-612-20141-7
ETB 20141

Das Buch
Alltagsstreß, nervöse Störungen an Herz, Kreislauf, Magen und Darm können durch Autogenes Training behoben werden.
Auch bei Schlafstörungen, depressiven Verstimmungen und Angstzuständen hilft Autogenes Training.
Die Autorin zeigt anhand von eindrucksvollen Beispielen aus ihrer Praxis, welche Erfolge sie mit Autogenem Training erzielte, und sie gibt konkrete Anleitungen, wie das Autogene Training von jedermann angewandt werden kann.
Dies ist ein Ratgeber für alle, die sich geistig und körperlich fit halten wollen.

Die Autorin
Dr. med. Gisela Eberlein unterrichtet in eigener Praxis Autogenes Training und leitet außerdem Kurse und Seminare an einer Volkshochschule sowie in Arbeitsgemeinschaften.

Die Wechseljahre: Keine Krankheit, sondern eine Lebensstufe.

van Keep, Pieter A./
Jaszmann, Laszlo
Die Wechseljahre der Frau
139 Seiten
6 Zeichnungen
6,80 DM
ISBN 3-612-20013-5
ETB 20013

Das Buch
Der Übergang von der fruchtbaren in die nächste Lebensperiode ist für Körper und Psyche der Frau mit einschneidenden Veränderungen verbunden. Neben den rein hormonellen Umstellungen des Körpers und Nebenerscheinungen, wie Hitzewallungen, verbunden mit akuten Schweißausbrüchen, Schilddrüsenstörungen, rheumatischen Gelenkveränderungen, hat die Frau häufig mit psychischen Beschwerden, wie Depressionen und starken Schwankungen im Gefühlsleben, zu kämpfen. Dieses Buch zeigt, wie jede Frau diese Beschwerden erfolgreich durch die bewußte Auseinandersetzung mit dieser Lebensphase angehen kann.

Die Autoren
P. A. van Keep und L. Jaszmann, Gynäkologen, haben in diesem Buch wissenschaftlich fundierte Erfahrungen aus der klinischen Arbeit mit Frauen im Klimakterium zusammengestellt.

Sich selbst massieren – kein Problem.

Stadtlaender, Chris
Selbstmassage
– Gesund und schön durch eigene Kraft –
Originalausgabe
160 Seiten
29 Zeichnungen
8,80 DM
ISBN 3-612-20067-4
ETB 20067

Das Buch
Schon die alten Griechen und Römer wußten um den gesundheits- und schönheitsfördernden Wert der Massage, der bis heute feststeht. Massagen sind teuer, auf Krankenschein kann man sich nur bei Krankheit und bei degenerativen Leiden massieren lassen. Um gesund und schön zu bleiben, kann man sich aber auch selbst massieren, wie, das zeigt die Autorin. Nach einer Einführung in die Geschichte der Massage, einer Erläuterung der Heil-, Sport- und Schönheitsmassagen, der Vorsichtsmaßnahmen bei Schmerzen, Entzündungen und Krampfadern beschreibt sie, wie man sich von Kopf bis Fuß selbst massieren kann, welche Griffe man kennen muß und welche selbst hergestellten Kräuteröle man verwenden kann.

Die Autorin
Chris Stadtlaender ist Fachjournalistin für Medizin und Kosmetik. Sie lebt in Wien.

Box dich fit!

Dunkel, C./Schulz, H.
Boxgymnastik für Frauen
Das neue Fitneßprogramm für den ganzen Körper
Originalausgabe
112 Seiten, 102 Fotos
8,80 DM
ISBN 3-612-20149-2
ETB 20149

Das Buch
Bei dieser neuen Gymnastikart kämpfen nicht Frauen gegen Frauen, sondern es ist eine Sportart, die den Körper besser trainiert als Aerobic und Jogging zusammen. Es ist außerdem ein Anti-Aggressions-Programm, das Streß und Ärger abbaut. Die Autorin beschreibt, welche Geräte und Kleidung benötigt werden, wie hoch der finanzielle Aufwand ist und gibt in ausführlichen Schritt-für-Schritt-Übungen zahlreiche Hinweise für richtiges Training, damit die ideale Figur erreicht werden kann.

Die Autorin
Cornelia Dunkel ist seit vielen Jahren Gymnastik- und Sportlehrerin und hat das Box-Training in ihr Lehrprogramm aufgenommen.

Erste Hilfe für Kinder.

Diagram
Soforthilfe für mein Kind
Bei Unfällen und Krankheiten
128 Seiten
200 Zeichnungen
7,80 DM
ISBN 3-612-20115-8
ETB 20115

Das Buch
Wie wäscht man eine Wunde aus? Wie behandelt man Verbrennungen? Wie wird ein Finger verbunden? Was macht man bei Knochenbrüchen?
Wie entfernt man einen Splitter? Was gehört in den Erste-Hilfe-Schrank? Was macht man bei Hautinfektionen?
Auf diese und viele andere Fragen gibt das Buch klare Antworten, erklärt durch über 200 Zeichnungen. Es sagt den Eltern, wie sie sich bei Kinderkrankheiten und anderen kindlichen Problemen verhalten sollen, bei Blinddarmreizung und Ohrinfektionen, bei Schock und in vielen anderen Fällen.
Dieses Buch wurde in Zusammenarbeit mit dem Deutschen Roten Kreuz erstellt und ist Begleitbuch in einer ZDF-Fernsehreihe.

Mehr Spaß am Lernen – Mehr Zeit zum Spielen.

Beyer, Günther
So lernen Schüler leichter
– Gedächtnis- und Konzentrationstraining –
128 Seiten, 92 Zeichnungen, 49 Übungen
6,80 DM
ISBN 3-612-20001-1
ETB 20001

Das Buch
Mangelhafte Konzentrationsfähigkeit und schlechtes Gedächtnis sind oft die Ursachen für ungenügende Leistungen in der Schule. Dieses Buch schafft Abhilfe: Kinder zwischen 8 und 15 Jahren erfahren, wie sie mit einfachen Lerntechniken ihr Gedächtnis schulen und ihre Konzentrationsfähigkeit erhöhen können, um besser zu werden, Spaß am schnellen Lernen zu finden und damit mehr Zeit zum Spielen zu haben.
Übungen und Kontrolltests helfen, Können und Leistungen zu steigern.

Der Autor
Günther Beyer ist Gründer des Eltern-Schüler-Förderkreises Nordrhein-Westfalen.
Er leitet ein eigenes Institut für Creatives Lernen.
Im ECON-Verlag erschienen seine Ratgeber „Creatives Lernen", „Gedächtnis- und Konzentrationstraining" und „Superwissen durch Alpha-Training".

Die Ängste unserer Kinder.

Eberlein, Gisela
Ängste gesunder Kinder
– Praktische Hilfe bei Lernstörungen –
158 Seiten
7,80 DM
ISBN 3-612-20010-0
ETB 20010

Das Buch
Jedes Kind kämpft mit unbewußten Ängsten, die es in irgendeiner Form hindern, zwanglos fröhlich, aktiv und spontan zu sein. Nervosität, Schlafstörungen, Kontaktschwierigkeiten, ja sogar Asthma, Stottern, Bettnässen sind Folgen dieser Ängste, die durch gezielt angewendete psychologische und pädagogische Entspannungsübungen behoben werden können. Wie, das zeigt dies Buch.

Die Autorin
Dr. med. Gisela Eberlein lehrt in eigener Praxis, in Seminaren und Arbeitsgemeinschaften autogenes Training. Besonders bei Kindern erzielte sie über psychologisch und pädagogisch fundierte Entspannungsmethoden große Erfolge.

Damit der Kindergeburtstag wirklich gelingt.

Kiskalt, Isolde
Wir feiern eine Kinderparty
Spiele, Rezepte, Zaubereien für 4- bis 10jährige
Originalausgabe
128 Seiten
86 Zeichnungen
7,80 DM
ISBN 3-612-20102-6
ETB 20102

Das Buch
Wichtig für eine Kinderparty ist die richtige Vorbereitung. Essen und Trinken, Spiele und Gewinne müssen geplant werden. Dazu findet man in diesem Buch zahlreiche Anregungen und Vorschläge.

Aus dem Inhalt
Vorbereitungen zur Party · Rezepte für Kindergetänke, Gebäck und kleines kaltes Büfett · Bekannte und weniger bekannte Spiele (mit Altersangabe) · Kleine Zaubereien für die Erwachsenen · Zum Ausklang des Festes: eine Tombola.

Die Autorin
Isolde Kiskalt ist Schriftstellerin und bringt hier ihre Erfahrungen, die sie bei Festen für ihre Tochter gewonnen hat.

*Naturheil-
methoden und
heimliche
Krankmacher.*

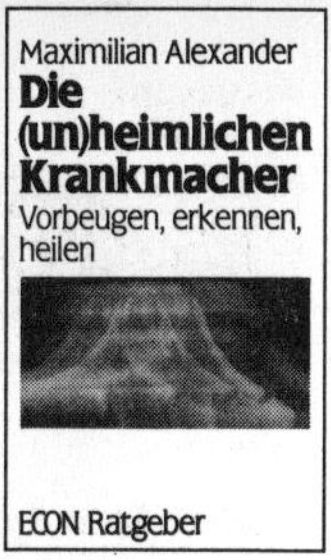

Alexander, Maximilian
Die (un)heimlichen Krankmacher
– Erkennen, Heilen, Vorbeugen –
Originalausgabe
144 Seiten
9,80 DM
ISBN 3-612-20039-9
ETB 20039

Das Buch
Die verborgenen Krankheitsursachen sind das große Handicap der konservativen Schulmedizin, die Krankheitssymptome werden mit höchst bedenklichen Mitteln der Chemie unterdrückt.
Die moderne Naturmedizin aber geht auf den Menschen als Ganzes ein und hilft, Störfelder, vergiftete Stoffwechsellagen, Wirbelsäulenveränderungen, nervale Blokkaden, Lymphstauungen, Psychotoxine, Blutdruck, Durchblutungsstörungen, Sauerstoffmangel, Allergien, Wetterfühligkeit und Therapieschäden zu normalisieren. Ein Krankheits- und Heilmittelregister schließt das Buch ab.

Der Autor
Maximilian Alexander arbeitet seit vielen Jahren als freier Journalist und Schriftsteller. Seine Spezialgebiete sind Medizin und Naturheilkunde.

*Biomedizin –
die natürliche
Alternative.*

Alexander, Maximilian/Zoubek, Eugen
Schmerzfrei durch Biomedizin
– Neue Naturheilmethoden –
143 Seiten
6,80 DM
ISBN 3-612-20000-3
ETB 20000

Das Buch
Akute und chronische Schmerzzustände sind das Schicksal vieler Menschen und können oft einen Lebensweg beeinflussen und prägen. Die Biomedizin bietet eine natürliche Alternative zu den herkömmlichen Schmerzmitteln.
Wirksame Präparate, auf rein biologischer Basis hergestellt, helfen Schmerzen ohne schädliche Nebenwirkungen überwinden, mobilisieren Eigenkräfte und setzen einen natürlichen Heilungsprozeß in Gang.
Anhand zahlreicher Praxisbeispiele zeigen die Autoren, mit welchen Mitteln der modernen Naturmedizin der Mensch Krankheiten und Schmerzen vorbeugen und sich selbst erfolgreich behandeln kann.

Die Autoren
Maximilian Alexander arbeitet seit vielen Jahren als freier Journalist und Schriftsteller. Seine Spezialgebiete sind Medizin und Naturheilkunde.
Eugen Zoubek ist Homöopath und Arzt.

*Nie mehr
Verstopfung.*

Leibold, Gerhard
Gesund und fit durch Ballaststoffe
Originalausgabe
140 Seiten
5 Zeichnungen
7,80 DM
ISBN 3-612-20082-8
ETB 20082

Das Buch
Ballaststoffe sind wichtige Bestandteile der menschlichen Nahrung. Der Autor schildert die Notwendigkeit der Verwendung und die Gefahren für die Gesundheit bei Mangel an Ballaststoffen.

Aus dem Inhalt
Was sind Ballaststoffe? · Natürliche Ballaststoffquellen · Stuhlgang ohne Probleme · Regulierung der Blutfett- und Blutzuckerwerte · Vorbeugung von Krebskrankheiten · Krank durch Ballaststoffmangel · Richtige Ernährung · Rezepte für ballaststoffreiche Ernährung.

Der Autor
Gerhard Leibold ist erfahrener Heilpraktiker und Autor zahlreicher Sachbücher.

*Krankheiten
erkennen und
selbst
behandeln.*

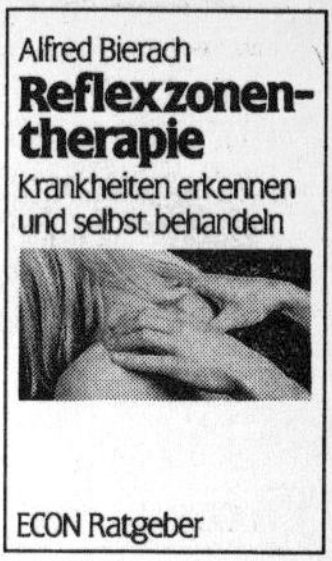

Bierach, Alfred
Reflexzonentherapie
– Krankheiten erkennen und selbst behandeln –
123 Seiten
89 Zeichnungen
46 Fotos
6,80 DM
ISBN 3-612-20002-X
ETB 20002

Das Buch
Geistige Anspannung und körperliche Verkrampfung führen oft zu Verhärtung oder Knötchen, da von den inneren Organen Reflexbahnen zur Körperdecke laufen, die diese verändern. Durch Reflexzonenmassage kann man über bestimmte Gebiete der Körperdecke auf innere Organe einwirken, Schmerz lindern oder heilen.
Die exakte Bebilderung in diesem Buch zeigt, welche Körperzonen bei welchen Erkrankungen behandelt werden sollen.

Der Autor
Alfred Bierach leitet eine eigene Praxis für Psychotherapie und Naturheilkunde am Bodensee. Seit Jahren wendet er Reflexzonenmassage erfolgreich an.

Primadonna, die man lieben muß.

Eilert-Overbeck, B.
Meine Katze
Verhalten, Ernährung, Pflege
Originalausgabe
140 Seiten
24 Zeichnungen
8,80 DM
ISBN 3-612-20151-4
ETB 20151

Das Buch
Katzen wollen den Familienanschluß, ja sogar die „Gleichberechtigung" von ihrem menschlichen Wohngenossen. Sie können zärtliche Schmusetiere sein, aber sie können auch das Erbe ihrer wilden Verwandten nicht leugnen. In diesem Buch erfährt man alles, was für das Zusammenleben und Verständnis notwendig ist.

Aus dem Inhalt
Die Katze – ein Tier mit Persönlichkeit · Grundvoraussetzungen für die Katzenhaltung · Eine Katze kommt in die Familie · Wohnungskatze oder „Freiläufer" · Ernährung und Pflege · Gesundheit und Geburtenkontrolle · Welche Katze soll es sein?

Die Autorin
Brigitte Eilert-Overbeck ist Journalistin und Autorin mehrerer Katzenbücher.

Das Buch erscheint als Begleitbuch zur ZDF-Serie „Mit Tieren leben".

Das Rauhbein mit der zarten Seele.

Nimz, Arnt-Günter
Mein Hund
Verhalten, Erziehung, Pflege
Originalausgabe
128 Seiten
ca. 30 Zeichnungen
8,80 DM
ISBN 3-612-20150-6
ETB 20150

Das Buch
Hunde sind die treuesten Haustiere, ob es nun Rassehunde oder Mischlinge sind. In diesem Buch wird von einem kompetenten Autor alles das beschrieben, was wichtig ist für das Zusammenleben von Hund und Mensch, sowohl in der Stadt als auch auf dem Land.

Aus dem Inhalt
Welcher Hund ist der richtige? · Kleine Hundepsychologie · Erziehung des Hundes · Richtige Ernährung · Hund und Kind · Der vierbeinige Patient · Mit Hund auf Reisen · Leben mit Hunden.

Der Autor
Dr. med. vet. A.-G. Nimz ist Kleintierarzt mit eigener Praxis und hat jahrelange Erfahrung im Umgang mit Hunden.

Das Buch erscheint als Begleitbuch zur ZDF-Serie „Mit Tieren leben".

Mischlinge haben die besten Charaktere.

Spangenberg, Rolf
Klassehunde ohne Rasse
Freundschaft, die nie enttäuscht
224 Seiten
30 Fotos
9,80 DM
ISBN 3-612-20109-3
ETB 20109

Das Buch
Eine „Promenadenmischung" werden sie oft abfällig genannt, die liebenswerten Hunde, die auf keinen makellosen Stammbaum zurückblicken können. Dabei sind sie besonders kraftvoll, widerstandsfähig und anhänglich.

Aus dem Inhalt
Erwerb · Rassenstolz · Hundeknigge · Körpersignale kultivieren · Stimmklang modulieren · Soziale Stellung betonen · Hundestrafen · Haltung und Pflege · Der erste Tag · Der Alltag · Hundeliebe · Tierquälerei · Tierschutzvereine und Tierheime

Der Autor
Dr. Rolf Spangenberg ist Tierarzt und Sachbuchautor.

Meine ersten eigenen Fische.

Mayland, Hans J.
Aquarium für Anfänger
Beckenarten, Aquarientechnik, Bepflanzung, Fische
Originalausgabe
144 Seiten, 30 Farbfotos, 60 Zeichnungen
9,80 DM
ISBN 3-612-20100-X
ETB 20100

Das Buch
Fische sind nicht nur schön, sie stellen auch ein wahres Nervenelixier dar. Das Aquarium und seine Pflege sind ein Hobby für die ganze Familie. Kinder lernen das Wunder der Fortpflanzung sowie die Liebe zur Kreatur.

Aus dem Inhalt
Welchen Aquarientyp brauchen wir? · Wohin mit dem Aquarium? · Größe und Gewicht eines Aquariums · Keine Angst vor der Technik! · Einrichtung des Beckens · Das Wasser · Über die Bepflanzung · Die Fische · Fütterung · Aquarienmedizin

Der Autor
Hans J. Mayland ist der bekannteste deutsche Aquaristik-Autor.

Starkes Selbstvertrauen für eine erfolgreiche Bewerbung.

Wülfrath, Heiner Kurt
Sich erfolgreich bewerben und vorstellen
– Ein praktischer Ratgeber für Stellensuchende –
Originalausgabe, 90 S.
5,80 DM
ISBN 3-612-21004-1
ETB 21004

Das Buch

Mit steigender Zahl der Arbeitslosen wird auch die Konkurrenz unter den Stellensuchenden größer. Die Chancen des einzelnen nehmen mit der effizienten schriftlichen und mündlichen Form einer Bewerbung zu. In systematischer Abfolge erfährt der Leser, wo er die meisten Stellenanzeigen findet, wie er Anzeigen analysiert, welche Bewerbungsformen es gibt, welche am vorteilhaftesten sind, welches Bewerbungsmaterial er benötigt, wie er die schriftliche Bewerbung aufbaut und formuliert, wie man sich auf ein Vorstellungsgespräch vorbereitet, wie man Gehaltsverhandlungen führt und was man beim Vertragsabschluß berücksichtigen muß.

Der Autor

Heiner K. Wülfrath ist Exportleiter. Er hat sich viele Jahre intensiv mit der Auswertung von Bewerbungen und der Personalauswahl beschäftigt.

Was meint der Arbeitgeber wirklich?

Lucas, Manfred
Arbeitszeugnisse richtig deuten
Originalausgabe
128 Seiten
8,80 DM
ISBN 3-612-21016-5
ETB 21016

Das Buch

Man erhält ein Zeugnis, aber was bedeuten eigentlich die verschiedenen Formulierungen? Was heißt „Zu unserer vollsten Zufriedenheit" oder „Der Mitarbeiter hat sich um den Betrieb verdient gemacht"? Dieses Buch gibt auf alle Fragen ausführliche Antwort.

Aus dem Inhalt

Rechtliche Grundlagen · Bedeutung des Zeugnisses · Haftung des Arbeitgebers · Zeugnisse bei der Vorstellung · Zeugnisse während des Arbeitsverhältnisses · Zeugnisse bei Beendigung des Arbeitsverhältnisses · Einfaches Zeugnis · Qualifiziertes Zeugnis · Ersatzzeugnis.

Der Autor

Manfred Lucas ist Dozent in der Erwachsenenbildung mit Schwerpunkt Bewerbung.

Der Selbständige ist sein eigener Herr.

Forster, Edgar A.
Sich selbständig machen – gewußt wie
Originalausgabe
192 Seiten
9,80 DM
ISBN 3-612-21001-7
ETB 21001

Das Buch

Das Risiko, seinen Arbeitsplatz zu verlieren, nimmt in Zeiten wirtschaftlicher Sparmaßnahmen ständig zu. Der Trend zum selbständigen Arbeiten, zum eigenständigen Tragen aller beruflichen Verantwortung, zur Unabhängigkeit, ist verbreitet. Von der Idee und den Voraussetzungen . über die Konzeption, mit und ohne Hilfe von Unternehmensberatungen, über Finanzierungsmöglichkeiten, rechtliche, steuerliche und versicherungstechnische Richtlinien bis hin zu Pressearbeit, Werbung, Absatz und Vertrieb werden alle wesentlichen Fragen beantwortet. Praktische Beispiele veranschaulichen den Text.

Der Herausgeber

Dr. Edgar A. Forster ist Volkswirt und arbeitet als Unternehmensberater und Repräsentant des Bundesverbandes für Selbständige in München.

Partner gewinnen. Partner überzeugen.

Holzheu, Harry
Gesprächspartner bewußt für sich gewinnen.
– Psychologie und Technik des partnerorientierten Verhaltens
Originalausgabe
192 Seiten
8,80 DM
ISBN 3-612-21003-3
ETB 21003

Das Buch

Momentane Verhandlungsergebnisse werden hinterher wieder in Frage gestellt, Vereinbarungen angezweifelt, Zugeständnisse rückgängig gemacht. Partnerorientiertes Verhalten – eine neue Methode der Gesprächsführung – soll langfristig Erfolge bringen und eine dauerhafte Partnerschaft mit den Verhandlungspartnern sichern. Der Autor zeigt, wie man seinen eigenen Standpunkt verteidigt, ohne den Partner zu verletzen, wie man Partner gewinnt, wie man Partner überzeugt, ohne daß sie ihr Selbstwertgefühl verlieren, wie Ich-Aussagen als Ausdruck der eigenen Meinung ohne Vorwürfe und Anklagen formuliert und wie Du-Aussagen im Sinne des aktiven Zuhörens umgesetzt werden.

Der Autor

Harry Holzheu ist Psychologe und Verkaufstrainer. Er war 17 Jahre in Großkonzernen tätig und ist heute anerkannter Spitzentrainer.

AIDS wurde zum Schrecken der Welt.

Reger, Karl Heinz/
Haimhausen, Petra
AIDS
– Die neue Seuche des 20. Jahrhunderts –
134 Seiten
8,80 DM
ISBN 3-612-20084-4
ETB 20084

Das Buch
Dieses Buch soll Aufklärung schaffen, es offenbart alles, was heute über diese verhängnisvolle Krankheit und ihre Entstehung bekannt ist.

Aus dem Inhalt
Fünf Schicksale, die am Beginn einer neuen Epidemie stehen · So kann AIDS entstehen · Wie AIDS in den Körper gelangt · Krankheitserreger, die für AIDS-Kranke tödlich sein können · Was Ärzte heute gegen AIDS tun können · Wie AIDS-Gefährdete sich schützen können.

Die Autoren
Karl Heinz Reger ist Journalist und Sachbuchautor medizinischer Themen.
Dr. med. Petra Haimhausen ist Ärztin.

Jeder 5. Deutsche reagiert allergisch.

Ulrich, Wolf
Allergien sind heilbar
– Hilfe bei Heuschnupfen und anderen allergischen Krankheiten –
159 Seiten
14 Zeichnungen
8,80 DM
ISBN 3-612-20023-2
ETB 20023

Das Buch
Tränende Augen, Schnupfnase, geschwollene Schleimhäute oder absinkender Blutdruck sind typische Symptome für Allergien, die ausgelöst werden können durch Pilzsporen oder Pollen, durch Medikamente, Mehl, verschiedene Fasern, Milch, Obst, Fisch oder Eier. Beschrieben wird, welche Krankheitsbilder mit welchen Symptomen allergisch bedingt sind, welche Diagnosemethoden es gibt, welche Vor- und Nachteile sie haben und wie Allergien behandelt werden können.

Der Autor
Dr. med. Wolf Ulrich ist Medizinjournalist und Verfasser anderer Bücher. Im ECON-Verlag erschienen seine Ratgeber „Schmerzfrei durch Akupressur und Akupunktur", „Zellulitis ist heilbar" und „Haare pflegen und erhalten".

Rheuma: Die Geißel Nummer 1.

Alexander, Maximilian
Rheuma ist heilbar
– Neueste Naturheilmethoden –
142 Seiten
7,80 DM
ISBN 3-612-20017-8
ETB 20017

Das Buch
Mindestens vier Prozent der Menschheit ist an Rheuma erkrankt. Die herkömmliche Medizin hat diese Krankheit mit ihren verheerenden Folgen für Patient, Staat und Volkswirtschaft nicht in den Griff bekommen können.
In diesem Buch werden hochwirksame Naturheilmethoden gegen den gesamten Rheumakomplex dargestellt. Bei konsequenter Anwendung kann mit Naturheilmitteln dieses Leiden gelindert werden, eine neue Hoffnung besteht zurecht.

Der Autor
Maximilian Alexander arbeitet seit vielen Jahren als Medizin-Journalist.

Jede dritte Frau leidet unter Orangenhaut.

Ulrich, Wolf
Zellulitis ist heilbar
– Orangenhaut vorbeugen und selbst behandeln –
128 Seiten
51 Fotos
6,80 DM
ISBN 3-612-20012-7
ETB 20012

Das Buch
Zellulitis ist heilbar! Der Autor erklärt, wie Zellulitis entsteht, und schildert, wie man Zellulitis erfolgreich vorbeugen kann und sie heilt. Er entwickelte ein mehrstufiges Anti-Zellulitis-Programm, mit dem er durch Lebensführung, richtige Ernährung, Sport und Gymnastik, Massage, Medikamente und viel Geduld in zehn Wochen diese häßliche Krankheit heilen kann. 51 Fotos erläutern sein Programm und erleichtern dem Leser, es alleine durchzuführen.

Der Autor
Dr. med. Wolf Ulrich ist Facharzt für Hautkrankheiten.

Bewußter leben und erleben.

Stangl, Marie-Luise
Jede Minute sinvoll leben
– Vertrauen zu sich selbst gewinnen –
123 Seiten
5,80 DM
ISBN 3-612-20015-1
ETB 20015

Das Buch
Eine der besten Kennerinnen der alten chinesisch-japanischen Weisheiten des Zen-Buddhismus verhilft dem Leser – von der Hausfrau bis hin zum Top-Manager – zu einem neuen Verständnis seiner selbst. Sie beschreibt, wie man durch Bewußtwerdung ganz alltäglicher Tätigkeiten und Verrichtungen – wie Gehen, Stehen, Laufen, Essen, Arbeiten – sein Leben und seine Persönlichkeit eindringlicher und bejahender erlebt und erfaßt, wie man sich von Angst, Zerrissenheit, Selbstentfremdung und aus innerer Einsamkeit löst und dadurch neue Lebenskraft schöpft.

Die Autorin
Marie-Luise Stangl leitet im Odenwald, zusammen mit ihrem Mann Dr. Anton Stangl, seit vielen Jahren Seminare zur Persönlichkeitsbildung durch Entspannungstechniken.

Der Weg zum inneren Reich.

Müller-Elmau, Bernhard
Kräfte aus der Stille
– Die transzendentale Meditation –
191 Seiten
7,80 DM
ISBN 3-612-20021-6
ETB 20021

Das Buch
Ohne Bewußtsein könnten wir nichts von unserem Dasein als Mensch wissen. Transzendentale Meditation führt den Menschen wieder in die Bereiche des Seelisch-Geistigen zurück und erschließt ihm sein inneres Reich und ein Bewußtsein, in dem Liebe, Glück und Würde ihren angestammten Platz einnehmen können.

Der Autor
Bernhard Müller-Elmau leitet Schloß Elmau am Wetterstein, das sein Vater als Stätte geistiger Erholung geschaffen hat. Er beschäftigt sich seit vielen Jahren mit Transzendentaler Meditation. Während eines Studienaufenthaltes in Indien traf er Maharishi Mahesh Yogi, der dies erste deutsche Buch über Transzendentaler Meditation gut geheißen hat.

Wir sind alle auf demselben Weg.

Stangl, Marie-Luise
Die Welt der Chakren
– Praktische Übungen zur Seins-Erfahrung –
Originalausgabe
107 Seiten
49 Zeichnungen
5,80 DM
ISBN 3-612-20022-4
ETB 20022

Das Buch
Die Lehre von den Chakren – eine indische Lehre – handelt von den menschlichen Kraftzentren, den Zentren, in denen der Mensch die Schwingungen seiner Lebensenergie oder Lebenskraft aus dem Kosmos, der unmerklichen Quelle seines Seins aufnimmt. Dieses Buch soll dem Leser helfen, bewußter zu leben, sein Denken und Fühlen im Hier und Jetzt zu zentrieren, sich zu entspannen, Zuversicht, Vertrauen, Frieden und Liebe zu finden.

Die Autorin
Marie-Luise Stangl ist Entspannungspädagogin. Sie leitet seit vielen Jahren, zusammen mit ihrem Mann Dr. Anton Stangl, Seminare zur Selbsterfahrung und Selbstverwirklichung durch Eutonie und Zen.

Schlank im Schlaf.

Bierach, Alfred
Schlank im Schlaf durch vertiefte Entspannung
– Die SIS-Methode –
144 Seiten, 1 Grafik
6,80 DM
ISBN 3-612-20008-9
ETB 20008

Das Buch
Durch vertiefte Entspannung im Schlaf schlank werden, dies ist eine neue Methode, die all jenen zu empfehlen ist, die ohne Mühe schlank werden und endlich wieder ihr Normalgewicht erreichen wollen. Im Zustand tiefster Entspannung suggeriert der Mensch seinem Unterbewußtsein ein verändertes Ernährungsprinzip und kann so bei Bewußtsein mühelos den neuen Weg einhalten. Eine wissenschaftliche und praxiserprobte Methode, die in psychosomatischen Kliniken angewandt wird.

Der Autor
Dr. Alfred Bierach, Psychotherapeut und Naturheilkundler, ist in eigener Praxis am Bodensee tätig. Mit der SIS-Methode hat er vielen Patienten geholfen, schlank zu werden.

Das Standardwerk der biologischen Küche.

Danner, Helma
Biologisch kochen und backen
– Das Rezeptbuch der natürlichen Ernährung –
288 Seiten, 8 Farbtafeln, 425 Rezepte
14,80 DM
ISBN 3-612-20003-8
ETB 20003

Das Buch
Natürliche Ernährung ist nicht nur gesund, sondern auch wohlschmeckend, durch sie können Krankheiten geheilt, gelindert und verhindert werden: Karies, Paradontose, Erkrankung des Bewegungsapparates, Zuckerkrankheit, Leber-, Gallen-, Nierenerkrankungen, Beschwerden der Verdauungsorgane, Gefäßerkrankungen u. v. a. m. Naturbelassene Ernährung bringt dem Menschen neuen Schwung, Elastizität, Ausdauer und hohe Konzentrationsfähigkeit, sie erhält ihn gesund und schlank.
Die Rezepte in diesem Buch sind praxiserprobt.

Die Autorin
Helma Danner ist Gesundheitsberaterin.
Sie beschäftigt sich seit vielen Jahren mit der wissenschaftlichen und Laienliteratur auf dem Ernährungssektor, mit neuesten und alten Gesundheits- und Kochbüchern.

Gesunde Ernährung für körperliches und seelisches Wohl.

Dörner, Ilse Sibylle
Das grüne Kochbuch
– Handbuch der naturbelassenen Küche –
270 Seiten
20 Zeichnungen
382 Rezepte
12,80 DM
ISBN 3-612-20026-7
ETB 20026

Das Buch
Das Handbuch der naturbelassenen Küche beweist mit über 380 Rezepten, daß man gesund leben und trotzdem köstlich essen kann.
Modernes Kochen mit frischen und gesunden Lebensmitteln, die schonend, selbst für schmackhafte Speisen, verarbeitet werden – unter dieser Maxime steht das grüne Kochbuch mit seinen vielen praxiserprobten Rezepten, Anleitungen, Tips und Ratschlägen zur naturbelassenen Küche. Es zeigt aber auch, daß Kochen nicht erst am Herd beginnt: Joghurt und Käse, Gemüse und Kräuter aus eigener Produktion bereichern jeden Tisch.

Die Autorin
Ilse Sibylle Dörner schreibt als freie Journalistin u. a. für die Zeitschrift „Feinschmecker". Sie ist Autorin mehrerer Kochbücher.

Endlich! Die Diät, die Spaß macht.

Dörner, Ilse Sibylle
Diät mit Bio-Kost
– Schlank, gesund und fit –
Originalausgabe
189 Seiten
16 Zeichnungen
232 Rezepte
9,80 DM
ISBN 3-612-20019-4
ETB 20019

Das Buch
Bio-Diät ist eine neue, gesunde Möglichkeit, schlank zu werden und schlank zu bleiben. Köstliche Rezepte, eine Einführung in die Kräuter- und Keimlingszucht, Bio-Kosmetik und Bio-Medizin verleiten den Leser, sofort anzufangen und ohne Qual und zeitliche Begrenzung seinem Körper etwas Gutes zu tun, ihn schlank und fit zu halten.

Die Autorin
Ilse Sibylle Dörner schreibt als freie Journalistin u. a. für die Zeitschrift „Feinschmecker". Sie ist Autorin mehrerer Kochbücher, u.a. „Das grüne Kochbuch", ein Standardwerk für die alternative Küche.

Schnäpse und Liköre – Auch ein Stück Gesundheit?

Buss, Katharina
Leib- u. Magenelixiere
– Selbstgemachte Liköre u. Schnäpse –
Originalausgabe
144 Seiten
30 Zeichnungen
4 Farbtaf., 167 Rezepte
8,80 DM
ISBN 3-612-20018-6
ETB 20018

Das Buch
Äbte, Padres und Nonnen durften keinen Alkohol zu sich nehmen, und doch haben sie die besten Rezepte für die Zubereitung von Kräuterlikören und Schnäpsen zusammengestellt.
Viele der alten Klostertränke sind hier in etwa 200 Rezepten aufgenommen. Für jeden Geschmack und für die Gesundheit obendrein ist etwas dabei.
Eine Tabelle über die Reifezeiten von Früchten und Kräutern erleichtern die jährliche Planung der eigenen Herstellung.

Die Autorin
Katharina Buss ist Lebensmitteljournalistin, sie schreibt u. a. für den „Feinschmecker". Die Rezepte hat sie selbst ausprobiert.